Piemont
Kochbuch

Piemont
Kochbuch

Über 60 landestypische Rezepte

Mariapaola Dèttore
Foodfotos von Marco Lanza

Kaleidoskop Buch

Aus dem Englischen übersetzt von Susanne Keller für GAIA Text, München
Satz und Produktion: GAIA Text, München
Einbandgestaltung: Studio für Illustration
und Fotografie Sascha Wuillemet, München

Copyright © 2008 der vorliegenden Ausgabe
by Kaleidoskop Buch im Christian Verlag
www.kaleidoskop-buch.de

Copyright © 1999 der deutschsprachigen Erstausgabe mit dem Titel
Italiens kulinarische Landschaften – Piemont by Christian Verlag, München

Die Originalausgabe mit dem Titel *Flavors of Italy – Piedmont* wurde entwickelt
von McRae Books Srl, Florenz

Copyright © 1999: McRae Books Srl, Florenz
Text: Mariapaola Dèttore
Fotos: Marco Lanza
Styling: Rosalba Gioffré
Design: Marco Nardi

Druck und Bindung: Tallers Gràfics Soler, Barcelona
Printed in Spain

Alle deutschsprachigen Rechte vorbehalten

ISBN 978-3-88472-861-1

Inhalt

Einleitung

Piemont liegt, wie sein vom lateinischen *pede montis* stammender Name verrät, am Fuße der Alpen im Nordwesten Italiens und ist die größte Region des italienischen Festlandes. Im Norden schmiegt sich in Richtung Frankreich die kleine Region Aostatal in die Alpen. Die Küche und die kulinarische Tradition dieses lang gestreckten, hoch gelegenen Tals haben mit denen der Nachbarregion so viel gemeinsam, dass es nahe liegt, sie in dieses Buch mit aufzunehmen. Piemont ist eine der vielfältigsten Landschaften Italiens – seine Berge, Hügel und Ebenen sorgen mit ihren Erzeugnissen für eine reichhaltige und abwechslungsreiche Küche.

Gegen Ende des 19. Jahrhunderts wurde das Bürgertum zur aufstrebenden Klasse Italiens, und im gleichen Maße, wie die Köche in privaten Haushalten immer seltener wurden, wandelte sich auch die Rolle der Hausfrau. Die italienische Ausgabe von Louis Eustache Audots „La Cuisinière de la Campagne et de la Ville", die 1845 in Turin erschien, war einer der ersten Versuche, italienischen Hausfrauen Rezepte, Informationen und Ratschläge zugänglich zu machen. Audot beschreibt dabei eine sehr praktische und unkomplizierte Art des Kochens, ganz im Gegensatz zu den Rezeptbüchern des napoleonischen Frankreichs, einer Ära, die von Pracht und Glanz besessen gewesen war.

Am Schluss seines Buches stellt Audot fest, dass seiner Erfahrung nach die meisten der in Italien servierten Gerichte französischen Ursprungs seien, aber nachdem sie den örtlichen Vorlieben angepasst worden waren, nur noch wenig Ähnlichkeit mit dem Originalrezept aufwiesen. Der französische Einfluss auf die Küche Piemonts ist unübersehbar und eine natürliche Folge der geografischen Nähe sowie der Tatsache, dass Piemont einmal zum Königreich von Savoyen gehörte, das sich über den Nordwesten Italiens und den Südosten Frankreichs erstreckte. Noch Mitte des 19. Jahrhunderts wurde dort Französisch gesprochen

Piemont gehörte zu den tonangebenden Staaten des „Risorgimento", der ideologischen und literarischen Bewegung, die Freiheit und Einheit Italiens propagierte. Camillo Benso, besser bekannt unter seinem piemontesischen Titel Graf Cavour, und Giuseppe Garibaldi waren die herausragenden politischen Figuren der Bewegung. Im Jahre 1861 wurde der König von Piemont, Victor Emanuel II., der erste König des Königreichs Italien, während Cavour zum Premierminister gewählt wurde. Turin entwickelte sich zu einem wichtigen Zentrum für Industrie und Politik. Das übrige Piemont aber ist bis heute ländlich und seinen Traditionen treu geblieben.

In den höher gelegenen Gegenden der Langhe und um Monferrato hat sich die Tradition der bäuerlichen Küche erhalten. Die größten Schriftsteller Italiens haben diese Landschaften unsterblich gemacht: Cesare Pavese, Beppe Fenoglio und Giovanni Arpino rühmten die Schönheit und den Zauber der Hügel der Langhe, einem pittoresken Landstrich, dessen weiter Horizont immer wieder von Türmen, Burgen und spitzen Höhenzügen unterbrochen wird. Touristen, die gute Weine und hervorragendes Essen lieben, finden hier eine der besten gastronomischen Reiserouten.

und die französische Küche galt als so vornehm, dass sie nicht nur im Piemont, sondern in ganz Italien von adeligen Familien übernommen wurde. Der piemontesische Dialekt ist bis heute eine Mischung aus Italienisch und Französisch, und fast alle küchentechnischen Begriffe stammen aus der französischen Sprache. Wie in anderen Regionen Italiens existierten auch in der Geschichte Piemonts zwei kulinarische Traditionen nebeneinander: die feine Küche, die den wohlhabenden Klassen vorbehalten war, und die bedeutend bescheidenere einfache Küche, bei der man vor allem Reste verwendete sowie Obst und Gemüse. Beides war je nach Jahreszeit billig auf dem Markt zu haben. Die abwechslungsreiche und nahrhafte Küche der einfachen Leute zeichnete sich nach und nach durch mehr Finesse und Originalität aus, ohne dabei den bäuerlichen Ursprung zu verlieren. Bis zum heutigen Tag bestehen aufwendige und raffinierte Gerichte, die von großen Küchenchefs vergangener Zeiten kreiert wurden, neben althergebrachten, einfachen Speisen, die sättigen sollten, aber ebenfalls eine gewisse Kunstfertigkeit der bäuerlichen Kochtradition beweisen. Das Ergebnis dieses zweifachen Erbes ist eine reiche und vielfältige Küche, und sie kann sich der größten Auswahl an warmen und kalten Vorspeisen in ganz Italien rühmen, wie etwa des köstlichen, mit Trüffeln aromatisierten Pökelfleischs *Carne all'Albese* oder schmackhafter wie gehaltvoller Pastagerichte wie *Agnolotti* (s. Rezept S. 46), serviert mit sehr dünnen Trüffelscheiben und Butter. Typische Hauptgerichte sind das beliebte *Baié* (s. Rezept S. 64) aus gemischtem gekochten Fleisch, zu dem *Bagnet verd* (s. Rezept S. 15) oder *Bagnet ross* (s. Rezept S. 16) gereicht werden, Schmorgerichte, die zum Beispiel mit *Barolo*, einem hervorragenden Wein der Region, zubereitet werden (s. Rezept S. 69), *Vitello tonnato* (s. Rezept S. 71), in sehr feine Scheiben geschnittenes, gekochtes Kalbfleisch, das mit einer Thunfisch-Kapern-Mayonnaise serviert wird, aber auch Bachsaibling und andere Süßwasserfische. Nicht zu vergessen sind die piemontesischen Käsesorten wie *Fontina* und *Robiola* sowie einige der bekanntesten Desserts Italiens: *Panna cotta* (s. Rezept S. 102), mit Zucker und Vanille aufgekochte Sahne, die man in Förmchen füllt und abkühlen lässt (dazu Schokoladen- oder Fruchtsauce), oder der Turiner Schokoladenkuchen, die *Torta Gianduja* (s. Rezept S. 115), und *Mont Blanc* (s. Rezept S. 101) aus pürierten Maronen und Sahne.

Bagna caoda (s. Rezept S. 24), die für Piemont wohl typischste Speise, lässt sich kaum einem bestimmten Menügang zuordnen. Sie besteht aus einer solchen Vielzahl an Zutaten, dass es eigentlich eine Kategorie für sich ist. Im Piemont gilt es als vollkommener Ausdruck von Geselligkeit, eine willkommene Gelegenheit, sich zu anregenden Gesprächen zusammenzufinden und dabei Gemüse in eine würzige Sauce aus Sardellen, Butter, Olivenöl und Knoblauch zu dippen. Gelegentlich wird die Sauce mit Sahne oder anderen Zutaten verfeinert, um ihr ein etwas milderes Aroma zu verleihen. *Bagna caoda* ist ein deftiges Gericht mit unverwechselbarem Aroma, das sich am besten für eiskalte Wintertage eignet. Die Brühe kommt dampfend heiß auf den Tisch (getreu der italienischen Bezeichnung, die wörtlich übersetzt „heißes Bad" bedeutet), und zwar in einer Steingutschüssel, die man auf einen Rechaud stellt, und das vorbereitete Gemüse wird direkt in die Brühe getaucht. Jedes Tal besitzt seine eigene Variante von *Bagna caoda:* In Nizza Monferrato und im gesamten Belbo-Tal wird der Knoblauch, ehe man ihn hackt, in Milch eingeweicht – das mildert seinen Geruch und macht ihn bekömmlicher. Manche Köche in Monferrato gießen an die im heißen Öl zerteilten Sardellen ein halbes Glas Barbera. In Alba wird zerdrückter Knoblauch beigegeben, während in der Gegend um Pinerolo das Gemüse blanchiert oder im Ofen vorgegart wird.

Für viele Gerichte verwendet man reichlich Butter, wie auch im übrigen Norden Italiens, wo man sie dem Olivenöl wegen des feineren Geschmacks generell zum Kochen vorzieht: In manchen Fällen mildert Butter allzu kräftige Speisen, in anderen unterstützt sie zarte Aromen.

Die Provinz Alba ist bekannt für ihre weißen Trüffeln, die teuersten Europas. Was sie so begehrenswert macht, ist nicht nur ihre Größe, sondern auch ihr Duft. Und jene „Trüffeljäger" oder *trifulau,* die auf ihrer ebenso geduldigen wie zielstrebigen Suche nach dem kostbaren Pilz von ihren Hunden geführt werden, umgibt schon etwas Geheimnisvolles. Auf den Volksfesten und Märkten der

Wein ist ein wichtiger Bestandteil der regionalen Küche – ein piemontesisches Gericht kann unmöglich ganz gewürdigt werden ohne die schweren, vollmundigen Weine, die vor allem mit den ältesten überlieferten Speisen eine vollkommene Verbindung eingehen. Rotwein (Barbera, Barbaresco, Barolo, Gattinara) und Schaumweine haben hier eine lange Tradition, zu der sich neuerdings einige exzellente Weißweine gesellen. Barbera kommt hauptsächlich aus dem Asti-Gebiet und passt gut zu Fleischgerichten, vor allem zu Braten. Dasselbe gilt für den Barolo aus den Langhe-Bergen. Gattinara wird in der Gegend um Vercelli aus der Nebbiolo-Traube erzeugt, die ihren Namen dem Nebel (nebbia) verdankt, der die Reben zur Erntezeit im Oktober einhüllt.

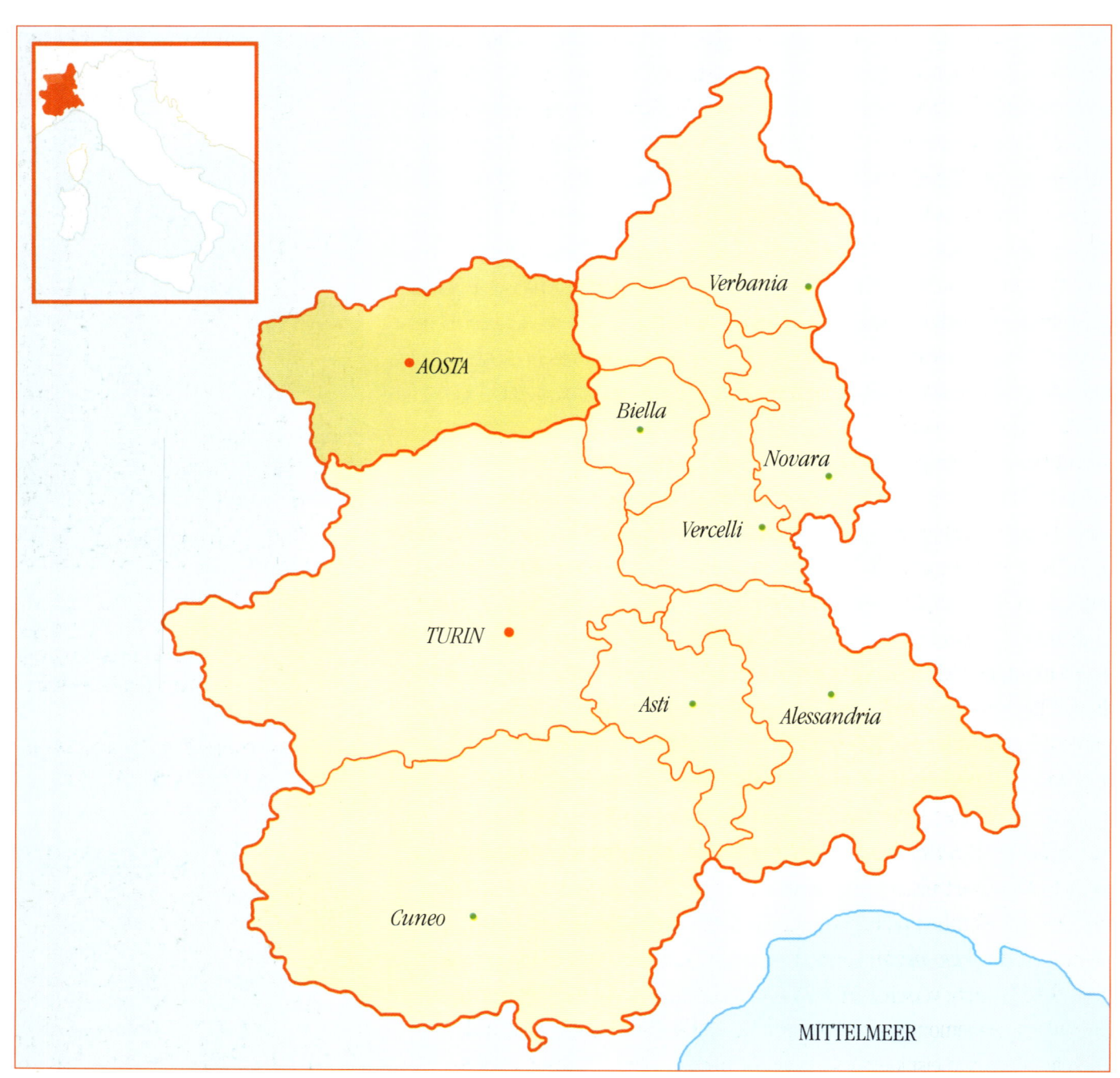

Region präsentieren sie ihre größten Exemplare. Die rohen, in hauchdünne Scheiben gehobelten Trüffeln werden am liebsten zu einfachen Gerichten verzehrt. Sie verleihen Eierspeisen, Käsefondue und *tajarin* (die regionale Version der *tagliatelle*) einen unvergleichlichen Geschmack und ein köstliches Aroma. Ein besonderer Trüffelliebhaber war kein Geringerer als Gioacchino Rossini – nicht nur ein herausragender Komponist, sondern auch ein großer Feinschmecker: Seine *Oeufs en chemise alla Rossini* sind fester Bestandteil im Repertoire der Haute Cuisine geworden. Doch Alba ist nicht nur für seine Trüffeln berühmt, es ist auch die Heimat des Süßwarenherstellers Ferrero, dem so moderne Versuchungen wie der Brotaufstrich „Nutella" aus Haselnuss und Schokolade zu verdanken sind oder auch „Rochers", eine weitere Köstlichkeit aus Haselnüssen und zarter Schokolade.

Die meisten traditionellen Gerichte im Piemont werden mit Fleisch zubereitet: In das *Baié* (s. Rezept S. 64), das stolz bei besonderen Anlässen serviert wird und bäuerlichen Ursprungs ist, gehören verschiedenste Fleischsorten wie Zunge, kleine Würste, unterschiedliche Stücke vom Rind, Schweineschwarte, Kalbskopf, Schweinsfüße, Huhn, Kapaun, Kalbfleisch. Die Zubereitung von *Baié* ist in den Küchen von Piemont ein regelrechtes Ritual.

Die Piemonteser halten wenig von *spaghetti* als Vorspeise, dafür lieben sie *risotto* (in den Ebenen von Vercelli wird Reis im Überfluss angebaut) und Suppen aus klaren Brühen. Unter den vielen bemerkenswerten *risotti* nimmt die Version mit Trüffeln aus Alba einen Ehrenplatz ein, aber auch das Froschschenkelrisotto aus der Gegend zwischen Vercelli und Novara ist etwas ganz Besonderes, nicht zu vergessen *Risotto al Barolo,* das zu gleichen Teilen mit Brühe und Rotwein zubereitet wird. Eine typisch piemontesische Suppe ist *Paniscia:* man gart dafür Reis in Gemüsebrühe und fügt weiche Kochwurst und Käse hinzu.

Die Zutaten des *fritto misto* (Lammkoteletts, Hirn, Leber usw.) werden vor dem Ausbacken in leicht verschlagenes Ei getaucht und in Mehl und Semmelbröseln gewälzt – eine piemontesische Eigenart. Zu gebratenem Fleisch werden in der gesamten Region meist kleine, süße Grießkroketten gereicht, während es von Ort

Der Eingang zur Verwaltung der Provinzregierung in Alessandria. Der Lebensrhythmus gerade in den kleineren Städten ist ruhig und sehr „menschenfreundlich".

Ein altes Bauerngehöft in typisch piemontesischer Bauweise liegt inmitten von Reisfeldern nahe Vercelli.

Turin ist Piemonts einzige Großstadt – die übrigen idyllischen Provinzstädte haben wenig mit der geschäftigen Hektik eines urbanen Zentrums gemein.

Der „Palio" (ein Pferderennen) geht auf das Jahr 1275 zurück und wird in Asti am zweiten Sonntag im September im Anschluss an einen historischen Umzug abgehalten. Wer als Letzter das Ziel erreicht, erhält einen seltsamen Preis: eine Sardelle!

zu Ort variieren kann, ob diese mit *amaretti* (Mandelplätzchen) oder kleinen Klößchen aus gehackter Leber oder Wurstbrät zubereitet werden.

Wenige Regionen in Italien können sich mit Piemont messen, wenn es um Desserts, Gebäck und Konfiserie geht: Viele der Rezepte stammen noch von französischen Köchen am königlichen Hof von Savoyen und haben seither Weltruhm errungen.

Turin ist nicht nur die Hauptstadt der Region Piemont, es ist auch der Ort, an dem die erste Schokolade Europas hergestellt wurde. Ende des 16. Jahrhunderts brachte Herzog Emanuel Philibert von Savoyen Kakao aus Spanien mit nach Hause, wo erstmals mit der Zubereitung des Naschwerks experimentiert wurde. Gegen Ende des 18. Jahrhunderts hatte Turin sich zur internationalen Schokoladenmetropole entwickelt. Besonders typisch unter den weltbekannten Produkten ist die Gianduiotto-Schokolade, die nach einer piemontesischen Sagengestalt namens Gianduja benannt wurde, die in vielen Volksstücken vorkommt.

Wahrhaft umwälzende Veränderungen erlebte die Stadt Turin Ende des 19., Anfang des 20. Jahrhunderts, als sie sich von der Hauptstadt des Königreichs Savoyen zum Zentrum der italienischen Filmindustrie und später der industriellen Automobilherstellung wandelte. Zu Beginn des 20. Jahrhunderts nahmen die ersten Filmstudios und das Wirtschaftsunternehmen *Fabbrica Italiana Automobili Torino* (Fiat) ihre Produktion auf. Letzteres sollte später einen großen Anteil am Wirtschaftsboom des Landes haben, zu dem auch der Traum vom eigenen Auto für jedermann gehörte. Turin mit seinen Brücken über den Po und seiner barocken Architektur ist eine elegante Stadt, aber sie besitzt keine eigene Kochtradition, die sie von den kulinarischen Charakteristika der übrigen Region unterscheidet. Mit Turin bringt man (abgesehen von der aus Butter, Kakao und Haselnüssen hergestellten Ganduiotto-Schokolade) wahrscheinlich noch am ehesten *grissini* in Verbindung, sehr dünne und knusprige Brotstangen. Napoleon liebte sie und ließ sich große Mengen dieser „petits bâtons de Turin" schicken.

Asti ist ein ruhiger Ort mit vielen Türmen und Kirchen, dem man auf den ersten Blick nicht ansieht, dass er Zentrum der italienischen Spumante-Herstellung ist.

Er war Teil der Mitgift, die Giangaleazzo Visconti seiner Tochter Valentina gab, als sie den Prinzen Louis d'Orleans heiratete. Eine Spezialität aus der Gegend ist *Fricandû,* ein Eintopf aus Rindfleisch, Knoblauch, Essig, Zwiebeln, Rosmarin und Schweineschmalz.

Alessandria, ein wichtiges Landwirtschaftszentrum, liegt am Fluß Tanaro. Benannt wurde sie nach Papst Alexander III. Mindestens ebenso bekannt wie Napoleons Sieg in der Schlacht von Marengo ist ein Nachtisch mit Schlagsahne gleichen Namens. Die einstmals keltisch-ligurische Siedlung Vercelli hatte seine Blütezeit im frühen 13. Jahrhundert. Eine typische Speise dieser Gegend ist *Lepre in vivet,* in Rotwein marinierter und mit aromatischen Kräutern geschmorter Hase (eine Art Hasenpfeffer). *Saragnon* heißt ein spezieller Käse, der aus überschüssigem Käsebruch der *Gorgonzola*-Herstellung und aus fermentierten Käsestückchen erzeugt wird. Mit Alkohol versetzt, gärt diese Mischung dann noch einen Monat, bis ein cremiger, wohlriechender und sehr würziger Käse entstanden ist.

Cuneo bedeutet „Keil" und beschreibt die Form der ebenso hohen wie flachen Landzunge zwischen zwei Flüssen, auf der die Häuser und Straßen der Stadt angelegt sind. Gerühmt wird Cuneo für seine großen Rumpralinen namens *Cuneesi* sowie für *Brus,* einen Käse, der aus mehreren, in Grappa fermentierten Käsesorten besteht und so intensiv ist, dass er nur in winzigen Portionen verzehrt werden kann! In Cuneo isst man gern *Gnocchi alla bava,* in Butter, Sahne und geschmolzenen *Fontina* getauchte Kartoffelklößchen. Kulinarische Berühmtheit innerhalb der Provinz Cuneo hat auch das Städtchen Govone für seine Variante des *zampone* (gefüllter Schweinefuß) errungen.

Novara ist bekannt für zwei Zubereitungsarten von gepökeltem Gänsefleisch. Wird das rohe Fleisch mehrere Tage trocken gepökelt, entsteht ein kräftiger Geschmack. Bei der anderen Methode gart das Fleisch etwa eine Stunde in Wasser und wird dann an einem kühlen Ort trocken gepökelt. Früher bereitete man an Schlachttagen *marzapani* oder *sanguinacci* (Blutpuddings) zu. Dafür weichte man Brot in Schweineblut ein und fügte Schweineschmalz hinzu. Die Mischung wurde anschließend gegart und in Scheiben aufgeschnitten.

Sonnenuntergang über den Reisfeldern von Piemont. In Italien wird gern und viel Reis gegessen: Sechzig Prozent davon stammen aus der Ebene, die sich zwischen Novara und Vercelli erstreckt.

Piazza Galimberti in Cuneo mit einem phantastischen Blick auf die Meeralpen im Hintergrund. Zweitgrößte Stadt der Provinz ist Alba, berühmt für ihre Trüffeln.

Salse e Santipasti

Wer die Vorstellung reizvoll findet, vor dem Hauptgang zehn oder zwölf verschiedene verführerische Gabelbissen und Appetitmacher zusammenzustellen, der ist in Piemont gut aufgehoben. Allerdings besteht die Gefahr, zu viele Gaumenfreuden zu probieren und die folgenden Gänge nicht mehr so recht genießen zu können. Zu Beginn des Kapitels werden die vier Saucen vorgestellt, die Grundlage für viele Rezepte in unserem Buch sind. *Bagna caoda* (heißer piemontesischer Gemüsedip) ist eine besonders typische Vorspeise, das Fondue aus dem köstlichen Alpenkäse Fontina wohl die bekannteste.

Bagnet verd

Grüne Sauce

Die Semmelbrösel einige Minuten im Essig (eventuell mit etwas kaltem Wasser verdünnen) einweichen. Die überschüssige Flüssigkeit ausdrücken. • Das Eigelb in eine Schüssel geben und mit einer Gabel verrühren. Petersilie, Knoblauch, Sardellen und Semmelbrösel hinzufügen und alles gut vermischen. • Das Öl unter Rühren langsam zugießen, bis eine sämige Sauce entsteht. • Nach Geschmack mit Salz (die Sardellen machen zusätzliches Salz meist überflüssig) und weißem Pfeffer würzen. • Die Sauce kann auch im Mixer zubereitet werden. In diesem Fall alle Zutaten (Petersilie und Knoblauch müssen dann nicht gehackt werden) in die Mixschüssel geben und 2–3 Minuten pürieren. • Mindestens 30 Minuten, besser aber 1 Stunde ruhen lassen. Nochmals vorsichtig umrühren und servieren.

Für 4 Personen
Vorbereitungszeit: 15–20 Minuten + mindestens 30 Minuten Ruhezeit
Schwierigkeitsgrad: einfach

25 g frisch geriebene Semmelbrösel
3–4 EL Rotweinessig
1 Eigelb, hart gekocht
3 EL fein gehackte Petersilie
1–2 Knoblauchzehen, fein gehackt
1 eingelegte Sardelle, abgespült, entgrätet oder 2–3 Sardellenfilets
100 ml natives Olivenöl extra
Salz nach Geschmack
Frisch gemahlener weißer Pfeffer

Diese Sauce wird wie *Bagnet ross* (Rote Sauce, Rezept S. 16) zu dem piemontesischen „Nationalgericht" *Bollito misto* (Gemischtes gekochtes Fleisch) gereicht, harmoniert aber ebenso gut mit gekochtem oder gedünstetem Fisch. Zu Fisch sollte man statt des Essigs die gleiche Menge frisch gepressten Zitronensaft verwenden. Wer es pikanter mag, kann noch eine oder mehrere der folgenden (fein gehackten) Zutaten hinzufügen: 1–2 TL Kapern, 1 Gewürzgurke, 1 Scheibe Zwiebel oder 2 eingelegte Perlzwiebeln.

Bagnet ross

Warme Rote Sauce

Für 4 Personen
Vorbereitungszeit: 25 Minuten
Garzeit: 1½ Stunden
Schwierigkeitsgrad: einfach

600 g reife Tomaten
1 kleine Zwiebel, grob gehackt
1 Stange junger Bleichsellerie (mit Grün), in kleine Stücke geschnitten
1 kleine Möhre, grob geraspelt
1 Knoblauchzehe, fein gehackt
2 TL fein gehackte Petersilie
1 Chilischote, von Samen und Scheide-wänden befreit und in dünne Streifen geschnitten
3–4 EL natives Olivenöl extra
1 TL Dijonsenf
1 EL Rotweinessig
Salz nach Geschmack

Die Tomaten 1 Minute in kochendem Wasser blanchieren, schälen, halbieren, von den Samen befreien und in einem Sieb 15 Minuten mit der angeschnittenen Seite nach unten abtropfen lassen. • In der Zwischenzeit das übrige Gemüse vorbereiten. • Die Tomaten in kleine Stücke schneiden und mit dem restlichen Gemüse in einen Topf geben, die Chilischote hinzufügen. Ohne Deckel bei schwacher Hitze 90 Minuten garen, häufig umrühren. • Das gegarte Gemüse durch ein Sieb streichen (oder in der Küchenmaschine pürieren), dann das Öl, den Senf und den Essig einrühren. Nach Geschmack mit Salz würzen und heiß servieren. • Die Sauce kann auch im Voraus zubereitet und kurz vor dem Servieren wieder erhitzt werden. In einem luftdicht ver-schlossenen Behälter lässt sie sich im Kühlschrank mehrere Tage aufbewahren. • Um der Sauce einen angenehmen süß-sauren Geschmack zu geben, fügt man nach 1 Stunde Garzeit zusätzlich Essig (100 ml) und 1 EL Zucker hinzu. • Je nach gewünschter Schärfe mehr oder weniger von der Chilischote verwenden.

Warme Rote Sauce wird oft zusammen mit *Grüner Sauce* (Rezept S. 15) zu *Bollito misto* gereicht. Diese Spezialität aus dem Piemont ist eine köstliche Mischung aus gekochtem Fleisch.

Salsa del povr'om

Arme-Leute-Sauce

Für 4 Personen
Vorbereitungszeit: 2–3 Minuten
Garzeit: 7–9 Minuten
Schwierigkeitsgrad: einfach

3 EL Butter
1–2 ganze Knoblauchzehen, geschält,
leicht zerdrückt
1 TL Mehl
2 EL Weinessig
Salz nach Geschmack
Frisch gemahlener weißer Pfeffer
2 ganze Eier, zusätzlich 1 Eigelb

Die Butter bei schwacher Hitze in einem kleinen Topf zerlassen. Die Knoblauchzehen hineingeben und sehr langsam hellgolden anbraten (zu dunkel gebräunter Knoblauch schmeckt bitter). • Das Mehl mit dem Essig in einer Schüssel verrühren und nach Geschmack mit Salz und Pfeffer würzen. Die Eier hineinschlagen, das zusätzliche Eigelb hinzufügen und alles mit einer Gabel leicht verschlagen. Die Mischung darf jedoch nicht schaumig werden. • Den Knoblauch aus dem Topf nehmen und die Eiermischung bei sehr niedriger Temperatur langsam unter ständigem Rühren zu der Butter geben. So lange rühren, bis die Sauce eine geschmeidige, cremige Konsistenz annimmt. • Warm oder von Raumtemperatur servieren.

Diese Sauce passt besonders gut zu gekochtem, in Butter geschwenktem Gemüse (Zuckererbsen, Grüne Bohnen, Spargel), aber auch zu gekochtem oder gebratenem Fleisch, Geflügel und Kalbsschnitzel. Ein sehr viel älteres Rezept gleichen Namens, das in Italien in Vergessenheit geraten ist, hat viel Ähnlichkeit mit einer englischen Sauce aus Schalotten oder Zwiebeln, eingelegtem Gemüse und Petersilie, die man zu gekochtem Fleisch reicht.

Saussa d'avije
Honigsauce

Die Walnüsse mit dem Mörser fein zerstoßen oder in der Küchenmaschine mahlen. • Honig und Senf in einer kleinen Schüssel verrühren. Die Brühe oder das Wasser dazugießen und die Walnüsse hinzufügen. Alles gründlich verrühren. • Warm oder von Raumtemperatur servieren.

Für 4 Personen
Vorbereitungszeit: 20 Minuten
Schwierigkeitsgrad: einfach

12 geschälte Walnusshälften
150–180 ml milder, flüssiger Honig
2 EL Senf
1–2 EL heiße Brühe (selbst zubereitet oder aus Brühwürfeln) oder Wasser

Diese Sauce wird zu gekochtem Fleisch gereicht und hält sich in einem verschlossenen Behälter mehrere Tage im Kühlschrank. Ihr piemontesischer Name heißt übersetzt „Bienensauce".

Fondua
Käsefondue mit Fontina

Für 4 Personen
Vorbereitungszeit: 10 Minuten +
2–4 Stunden Ruhezeit
Garzeit: 10 Minuten
Schwierigkeitsgrad: relativ einfach

400 g Fontina aus dem Aostatal
225 ml Vollmilch
2 EL Butter
4–5 Eigelb
Salz nach Geschmack
Frisch gemahlener weißer Pfeffer
Weißbrot

Empfohlener Wein: ein trockener
Rotwein (Nebbiolo d'Alba)

Den Käse in dünne Scheiben schneiden, in eine Schüssel legen und vollständig mit Milch bedecken. 2–4 Stunden stehen lassen. • Einen Topf zur Hälfte mit Wasser füllen. Das Wasser erhitzen, bis es schwach kocht. Die Butter in eine hitzebeständige Schüssel in das Wasserbad stellen oder in einen Dampfeinsatz geben und schmelzen lassen. • Die Milch aus der Käseschüssel abgießen und auffangen. Den Käse und 3–4 EL Milch zu der zerlassenen Butter geben. • Die Mischung bei schwach kochendem Wasser mit einem Schneebesen oder Holzlöffel ständig rühren, bis der Käse geschmolzen ist und Fäden zieht. Die Masse darf auf keinen Fall anfangen zu kochen. • Nacheinander 4 Eigelbe hinzufügen und gründlich unterrühren, bis die Mischung glatt und sämig ist. Ist die Konsistenz immer noch etwas körnig, auch das letzte Eigelb dazugeben und noch 1 Minute kräftig unterschlagen. • Nach Geschmack mit Salz und weißem Pfeffer würzen. • Die Käsecreme in 4 gut vorgewärmte, flache Steingutschüsselchen füllen und mit in dicke Scheiben geschnittenem, geröstetem französischem Weißbrot servieren.
Variation: Dünn gehobelte weiße Trüffeln aus Alba über das Fondue streuen.

Das Fondue gehört zu den Glanzpunkten der piemontesischen Küche und ist zu Recht weltberühmt. Obwohl es dem Schweizer Fondue sehr ähnlich ist, weicht es in Zubereitung und Geschmack doch erheblich davon ab. Wenn man Fontina von guter Qualität verwendet und die einzelnen Arbeitsschritte gewissenhaft befolgt, wird das Gericht ohne Probleme gelingen. Sollte die Käsecreme dennoch gerinnen, 1 gestrichenen EL Speisestärke in 2 EL der restlichen, kalten Milch verrühren und schnell unter den Käse rühren, der dann glatt und geschmeidig wird. Das Fondue eignet sich auch sehr gut als Sauce zu *Piemontesischem Risotto* (s. Rezept S. 44) oder zu einfachem gekochten Reis, zu Pasta oder Polenta. Im Aostatal werden damit in Butter gebräunte Brotscheiben bestrichen.

Käsefondue: eine Spezialität aus den Alpen

Fondues werden in allen Tälern des Alpenraums zubereitet, als Klassiker jedoch gilt das Fondue aus dem Aostatal: Eine einfache Mischung aus Fontina, Butter, Eigelb und Milch, die auf keinen Fall kochen darf, wird bei schwacher Hitze kräftig gerührt. Es gibt unzählige Varianten, die zusammen mit Bagna caoda zu den ältesten und traditionsreichsten Gerichten im Piemont und Aostatal gehören. Käse, Milch, Polenta und Brot sind die grundlegenden Zutaten dieses kulinarischen Erbes. Wie viele andere Rezepte dieser Region bietet das Fondue zwar keine besondere Raffinesse – doch gibt es wohl kaum etwas Behaglicheres, als an kalten Wintertagen im Kreise von Freunden und Familie um einen Fonduetopf zu sitzen, während das Kaminfeuer leise prasselt. Das gemeinsame Eintunken von Brot und Polenta in einen großen Topf beschwört Bilder aus längst vergangenen Tagen herauf, in denen Menschen noch enger zusammenrückten. Das in der Hauptsache aus Käse bestehende Gericht ist gehaltvoll und reich an Proteinen, genau richtig, um Körper und Seele nach harter Arbeit an der Gebirgsluft oder, etwas moderner, nach dem Skifahren wieder zu beleben.

In Alba und Umgebung wird Fondue durch weiße Trüffeln veredelt, die eine der Kostbarkeiten der Region sind und fein über den heißen Käse gehobelt werden. Manchmal ersetzt man Fontina durch eine alte Käsesorte namens „Bra", die aus der Stadt gleichen Namens stammt. In Valcamonica wird Fondue aus Casolet hergestellt und mit gerösteten Polentawürfeln serviert.

Zum Fondue passt am besten einer der trockenen, kräftigen Rotweine, die für die Region so typisch sind, zum Beispiel der Barbera d'Asti, der seinen vollen Geschmack im Zusammenspiel mit dem Käse erst so richtig entfaltet.

Bagna caoda
Heißer Gemüsedip

Für 4 Personen
Vorbereitungszeit: 10 Minuten
Garzeit: 1 Stunde
Schwierigkeitsgrad: einfach

80 g Butter
6 Knoblauchzehen, sehr fein gehackt
250 ml natives Olivenöl extra
125 g Sardellenfilets
Eine Auswahl frisches rohes Gemüse:
Kardonenstangen (geschält, bis zum
Servieren in kaltem Wasser mit etwas
Zitronensaft stehen lassen, um Verfär-
bungen zu vermeiden)
Bleichsellerie
Junge Wirsingblätter
Blumenkohlröschen
Junger Kohlrabi, in Scheiben
geschnitten
Möhren (eventuell bissfest vorgegart)
Topinamburen, geschält, in Scheiben
geschnitten
Radieschen
Paprikaschoten, roh oder gegrillt, ent-
häutet, halbiert und von Samen und
Scheidewänden befreit

Empfohlener Wein: ein junger
trockener Rotwein (Barbera d'Asti)

Die Butter in einer kleinen feuerfesten Steingutkasserolle oder einem feuerfesten Topf zerlassen, Knoblauch hineingeben und bei schwacher Hitze 15 Minuten braten. Der Knoblauch sollte sich nicht verfärben. • Das Öl dazugießen und weitere 10 Minuten schwach erhitzen. Die Sardellenfilets hinzufügen und bei niedriger Temperatur 30–40 Minuten garen. Regelmäßig mit einem Holzlöffel umrühren und mit dem Rücken des Löffels die Sardellen zerdrücken, damit sie sich gleichmäßig in Öl und But-ter verteilen. Die Sauce darf auf keinen Fall kochen.
Variation: Für eine gehaltvollere Sauce 5 Minuten vor Ende der Garzeit 100 ml Sahne dazugießen. • Über die Sauce kurz vor dem Servieren dünn weiße Trüffeln hobeln.
• 3–4 geriebene Walnusshälften zum Öl geben – auf diese Weise kann man das tra-ditionelle Walnussöl ersetzen.

Früher wurde statt Olivenöl das damals gebräuchlichere Walnussöl verwendet. *Bagna caoda* wird der Tradition entsprechend in einem kleinen Steinguttopf über einem Rechaud (ursprünglich ein kleines Kohlebecken) in der Mitte des Tisches zubereitet. Alle um den Tisch Sitzenden können so bequem das auf einer großen Platte angerichtete Gemüse in die Sauce tauchen.

Insalata di carne cruda
Tatar

Für 4 Personen
Vorbereitungszeit: 10 Minuten
Schwierigkeitsgrad: einfach

500 g mageres Hackfleisch vom Kalb
6 EL natives Olivenöl extra
$^1/_2$ Knoblauchzehe, sehr fein gehackt
4–5 EL frisch gepresster Zitronensaft
2 EL kaltes Wasser
Salz nach Geschmack
Frisch gemahlener weißer Pfeffer

Empfohlener Wein: ein trockener
Rotwein (Freisa d'Asti)

Das Hackfleisch in eine Schüssel geben und nach und nach alle anderen Zutaten sorgfältig untermischen. Dabei die Menge des Zitronensafts nach Geschmack bestimmen.
● Hinsichtlich des richtigen Zeitpunkts für den Verzehr dieser delikaten Vorspeise gehen die Meinungen auseinander: Einige befürworten, das angemachte Fleisch unmittelbar nach der Zubereitung auf den Tisch zu bringen, andere ziehen es vor, das Gericht einige Stunden kühl zu stellen, damit sich das Aroma und die beizende Wirkung des Zitronensafts entfalten können. Als Mittelweg kann das Gericht 30 Minuten vor dem Servieren zubereitet werden, dann bleibt die appetitliche, rosige Farbe noch erhalten.
● Die Mischung kurz vor dem Servieren mit der Gabel auflockern, damit sie weniger kompakt ist. ● Mit gehobelter Trüffel oder in Scheiben geschnittenen rohen Champignons garnieren.

Besonders gut gelingt diese vorzügliche Vorspeise, wenn Sie 500 g Kalbslende (Filet oder Nuss) mit einem sehr scharfen Messer fein hacken. Dies verlängert die angegebene Vorbereitungszeit, aber es lohnt sich.

Insalata di riso

Reissalat

Für 4 Personen
Vorbereitungszeit: 15 Minuten
Garzeit: 13–15 Minuten
Schwierigkeitsgrad: einfach

Reichlich Wasser in einem großen Topf salzen und zum Kochen bringen, den Reis hineingeben und bissfest garen. • Den Reis in einem Sieb abtropfen lassen, kurz mit kaltem Wasser abspülen, damit er nicht weiter gart und nicht zusammenklebt. Gut abtropfen lassen und in eine Salatschüssel geben. • Öl und Zitronensaft in eine große Schüssel gießen, das Eigelb hinzufügen, mit einer Gabel zerdrücken und alles gründlich vermischen. • Die Sardellen dazugeben und alles zu einer möglichst glatten Sauce verrühren. • Thunfisch, Kapern und Oliven hinzufügen. • Die Salatsauce über den Reis geben und behutsam, aber gründlich untermischen. Nach Belieben mit italienischem eingelegtem Gemüse garnieren.

300 g italienischer Risottoreis (Arborio, fino oder semifino)
5 EL natives Olivenöl extra
2 EL Zitronensaft
1 Eigelb, hart gekocht
2 Sardellenfilets, in kleine Stücke zerteilt
200 g in Olivenöl eingelegten Dosenthunfisch, zerteilt
1 EL Kapern
10–12 mild eingelegte grüne Oliven, entsteint, in dünne Scheiben geschnitten
Salz nach Geschmack
Frisch gemahlener weißer Pfeffer
Italienisches eingelegtes Gemüse zum Garnieren

Empfohlener Wein: ein trockener fruchtiger Rotwein (Nebbiolo d'Alba)

Insalata capricciosa
Salat mit Schinken und Zunge

Den Schinken und die Rinderzunge in Juliennestreifen schneiden. • Die Champignons in dünne Scheiben schneiden. • Den Sellerie schälen, in Juliennestreifen schneiden und mit Zitronensaft beträufeln, damit er sich nicht verfärbt. • Alle Zutaten in eine große Schüssel geben und mit der Mayonnaise vermischen. • Auf einer Servierplatte anrichten und nach Belieben mit italienischem eingelegtem Gemüse garnieren.

Für 4 Personen
Vorbereitungszeit: 20 Minuten
Schwierigkeitsgrad: einfach

125 g magerer Kochschinken
125 g gepökelte Rinderzunge
100 g in Öl eingelegte Champignons
1 großer Knollensellerie
Frisch gepresster Saft von $1/2$ Zitrone
180 – 225 ml Mayonnaise
(vorzugsweise selbst zubereitet aus
1 Eigelb, Zitronensaft, 100 ml nativem
Olivenöl extra, Salz, Pfeffer)
Italienisches eingelegtes Gemüse zum
Garnieren (nach Belieben)

Empfohlener Wein: ein junger Rotwein
(Barbera d'Asti)

**In der piemontesischen Gastronomie
spielt Salat eine wichtige Rolle: Unser
Salat ist eine echte Spezialität der Region.**

Für 4 Personen
Vorbereitungszeit: 20 Minuten +
24 Stunden Ruhezeit
Garzeit: 10−15 Minuten
Schwierigkeitsgrad: einfach

4 kleine Forellen à 350 g
90 g Butter
5 frische Salbeiblätter
1 kleiner Zweig frischer Thymian

Für die Marinade:
150 ml Weißweinessig
150 ml trockener Weißwein
1−2 Lorbeerblätter
6 Wacholderbeeren, leicht zerdrückt
15 frische Salbeiblätter
1 große Zwiebel, in 3−4 mm dicke
Scheiben geschnitten
Salz

Empfohlener Wein: ein sehr trockener
Weißwein (Cortese di Gavi)

Trota in carpione
Marinierte Forelle

Die Fische säubern und ausnehmen. Gut abspülen und mit Küchenpapier trockentupfen. • Butter, Salbeiblätter und Thymian in eine große Pfanne geben und heiß werden lassen. Beginnt die Butter leicht zu schäumen, Forellen in die Pfanne geben und von beiden Seiten jeweils 5 Minuten braten. • Während der Fisch gart, für die Marinade Essig und Wein mit den Lorbeerblättern, Wacholderbeeren, Salbeiblättern, der Zwiebel und ½ TL Salz in einem Topf aufkochen lassen. Bei mittlerer Hitze 3−4 Minuten köcheln lassen. • Die gegarten Forellen in eine möglichst tiefe Form (gerade so groß, dass die Fische nebeneinander Platz haben) legen und mit der heißen Marinade übergießen. Bei Raumtemperatur kalt werden lassen. • Die abgekühlten Forellen mit Klarsicht- oder Alufolie abdecken und vor dem Servieren an einem kühlen Ort (nicht im Kühlschrank) mindestens 24 Stunden durchziehen lassen. • Die marinierten Forellen halten sich 5−6 Tage.

Das Rezept läßt sich ebenso für Filets anderer großer Süßwasserfische (Schleie, Karpfen, Barbe), aber auch für kleine, ganze Fische anwenden, die aber eine sehr viel kürzere Garzeit haben.

Langhe und Monferrato: das Herz von Piemont

Die Langhe und das Monferrato erstrecken sich über die ausgedehnte Bergregion zwischen der Stadt Casale Monferrato und dem ligurischen Apennin. Mit ihrer herrlichen Landschaft, ihrer Geschichte und ihrer Tradition bildet diese Region das Herzstück von Piemont. Das Wort *langa* bedeutet ‚Bergrücken‘, während Monferrato seinen Namen von einer Adelsfamilie erhalten hat, die hier im Mittelalter herrschte.

Viele berühmte Söhne der Langhe, nicht zuletzt der Schriftsteller Cesare Pavese, priesen ihre bizzar schöne, mitunter schroffe Landschaft. Hierher strömen alljährlich die meisten Besucher des Piemont: Das Essen und der Wein, die Herzlichkeit der Bewohner, die Kunstschätze, die historischen Sehenswürdigkeiten und die landschaftlichen Reize machen jeden Aufenthalt zu einem unvergesslichen Erlebnis.

Alba, die „Hunderttürmige“, ist die größte Stadt der Langhe und ein Zentrum der Feinschmecker. Jedes Jahr findet hier die Fiera del tartufo, der Trüffelmarkt statt, auf dem la più bella, die schönste Trüffel gekürt wird. Gerühmt wird Alba aber nicht nur für Trüffeln und Wein, sondern auch für Käse und Schokolade. Von hier aus exportiert Ferrero seine Produkte in die ganze Welt. Die Cafés und „pasticcerie“ der Stadt locken mit köstlichen Pralinen, gefüllt mit Barolo und Rum, mit Haselnusskuchen und „Mont Blanc“ (s. Rezept S. 101).

Neunzig Prozent des hervorragenden piemontesischen Weins (s. S. 72–73) stammen von den Weinbergen des Monferrato um Asti und Alessandria und aus der Umgebung von Alba und Canelli in der Langhe. Der für die Gegend sprichwörtliche Nebel, der sich im Frühherbst in den Tälern nur zögernd auflöst, lässt die Trauben langsam reifen.

Überall in der Langhe werden die für ihre Qualität bekannten Haselnüsse kultiviert, die man in den unzähligen Gebäck- und Konfektspezialitäten der Region verarbeitet. In Cortemilia findet jedes Jahr Ende August ein Fest zu Ehren der Haselnuss und der „Torta di nocciole" (Haselnusskuchen, S. 114) statt.

Asti – in der ganzen Welt bekannt für den Schaumwein „spumante" – liegt inmitten der lang gestreckten Berge des Monferrato. Die Umgebung ist eine Burgenlandschaft – kein Städtchen und kein Dorf, das nicht mindestens eine Burg sein Eigen nennen kann. Der berühmte italienische Dichter Giosuè Carducci, Literaturnobelpreisträger des Jahres 1906, rühmte den „stolzen Reichtum an Burgen und Weinbergen" jener Hügel.

Peperoni all'acciuga

Marinierte Paprikaschoten mit Sardellen-Dressing

Für 4 Personen

*Vorbereitungszeit: 25–30 Minuten +
1 Stunde Ruhezeit*

Garzeit: 20 Minuten

Schwierigkeitsgrad: einfach

2–3 mittelgroße gelbe oder rote
Paprikaschoten
Salz
4–6 EL natives Olivenöl extra
2–3 Knoblauchzehen, in dünne
Scheiben geschnitten
8–10 Sardellenfilets

*Empfohlener Wein: ein sehr trockener
Weißwein (Cortese di Gavi)*

**Der intensive,
süße Geschmack
der Paprika-
schoten kommt
noch besser zur
Geltung, wenn sie
über Holzkohle
oder direkt über
der Flamme eines
Gasherdes ge-
grillt werden. Mit
Klarsicht- oder Alufolie
abgedeckt kann man sie mehrere Tage
im Kühlschrank aufbewahren. Einige
Stunden vor dem Servieren herausnehmen und bei Raumtemperatur stehen
lassen: So schmecken sie am besten.**

Die Paprikaschoten bei relativ starker Hitze unter den Grill schieben. Sobald die Oberseiten dunkel werden und Blasen werfen, die Schoten leicht drehen. Nach etwa 20 Minuten sind sie rundum gegrillt, haben viel Flüssigkeit abgegeben und weiches Fleisch bekommen. Die Schoten sofort (nicht zu fest) in einer Plastiktüte verschließen und 10 Minuten ruhen lassen, danach läßt sich die Haut leicht abziehen. • Die Paprikaschoten längs halbieren, den Stielansatz, die weißen Scheidewände und Samen entfernen. Eventuelle dunkle Hautreste unter fließendem Wasser ablösen. • Die Paprikahälften der Länge nach in 3 cm breite Streifen schneiden und in ein Sieb schichten. Dabei jede Schicht mit etwas Salz bestreuen. Mindestens 1 Stunde in Wasser ziehen lassen. Dadurch werden die Paprikaschoten bekömmlicher und entwickeln ein delikates, mildes Aroma. • Das Öl in einer Pfanne erhitzen, Knoblauch hineingeben und bei schwacher Hitze 3–5 Minuten braten. Der Knoblauch sollte sich nicht verfärben. • Sardellen hinzufügen und mit einer Gabel oder einem Holzlöffel sorgfältig im Knoblauchöl zerdrücken. Weitere 2 Minuten erhitzen. • Die Paprikaschoten auf einer Servierplatte anrichten und das Sardellen-Dressing darüber verteilen. Von Raumtemperatur servieren.

Insalata di pollo
Geflügelsalat

Für 4 Personen
Vorbereitungszeit: 10 Minuten
Schwierigkeitsgrad: einfach

1 Hähnchenbrust, in Hühnerbrühe
pochiert
2 Sardellenfilets
4−5 EL natives Olivenöl extra
1 EL frisch gepresster Zitronensaft
Salz
Frisch gemahlener weißer Pfeffer
1 frische weiße Trüffel aus Alba (nach
Belieben)

Empfohlener Wein: ein trockener fruchtiger
Weißwein (Roero Arneis)

Die Hähnchenbrust in schmale Streifen schneiden und in eine Schüssel geben. • Die Sardellenfilets mit einer Gabel zerdrücken. In einer kleinen Schüssel mit Öl, Zitronensaft, Salz und weißem Pfeffer sorgfältig vermischen. • Die Sardellensauce über das Fleisch gießen. • Auf einer Servierplatte anrichten und nach Belieben mit dünn gehobelter frischer Trüffel bestreuen.

Die Trüffel verleiht diesem einfachen,
aber köstlichen Salat einen Hauch von
Luxus und ein zusätzliches feines Aroma.

Pomodori al verde
Tomaten mit Grüner Sauce

Die Tomaten quer halbieren. Die Samen entfernen, aber nicht die fleischigen Scheidewände. Die Tomatenhälften mit der Schnittseite nach unten in einem Sieb 5−10 Minuten abtropfen lassen. • Mit Grüner Sauce füllen, auf einer Servierplatte anrichten und servieren. • Für eine etwas gehaltvollere Vorspeise die Grüne Sauce mit Mayonnaise vermischen. Für jede Tomatenhälfte etwa ½ TL Mayonnaise rechnen.

Für 4 Personen

Vorbereitungszeit: 20−25 Minuten + mindestens 30 Minuten Ruhezeit

Schwierigkeitsgrad: einfach

4−8 mittelgroße, reife Tomaten
1 Portion Grüne Sauce (s. Rezept S. 15)

Empfohlener Wein: ein trockener, leicht perlender Rotwein (Freisa d'Asti)

Dieses einfache Gericht schmeckt in den Sommermonaten am besten, wenn es die besonders aromatischen sonnengereiften Tomaten gibt.

Tonno di coniglio
Pikant eingelegtes Kaninchenfleisch

Den Kaninchenrücken in einen Topf mit nicht gesalzenem, kochendem Wasser geben. Möhre, Zwiebel, Sellerie und Petersilie hinzufügen. • Das Fleisch etwa 45 Minuten garen, bis es sich leicht vom Knochen lösen lässt. Aus dem Topf nehmen. • Das leicht abgekühlte Fleisch in ungefähr 3 cm lange Stücke zerteilen. Dabei sorgfältig alle Knochen entfernen. • Die Fleischstücke in einer Form in zwei oder drei Lagen schichten, dazwischen die Knoblauchzehen und die Hälfte der Salbeiblätter verteilen. Jede Schicht mit Salz und weißem Pfeffer abschmecken und mit Öl beträufeln. • Die Form mit einem Teller oder Frischhaltefolie bedecken und für 24–36 Stunden in den Kühlschrank stellen. • 2–3 Stunden vor dem Servieren herausnehmen und bei Raumtemperatur stehen lassen. • Das Fleisch mit dem Knoblauch auf einer Platte anrichten, den Salbei durch 10 frische Blätter ersetzen.

Für 4 Personen
Vorbereitungszeit: 10 Minuten +
24–36 Stunden Kühlzeit
Garzeit: 45 Minuten
Schwierigkeitsgrad: einfach

1 Kaninchenrücken (etwa 600 g), nicht entbeint
1 Möhre, grob geraspelt
1 mittelgroße Zwiebel, grob gehackt
1 Stange Bleichsellerie, in kleine Stücke geschnitten
3 Petersilienzweige, grob gehackt
10 ganze Knoblauchzehen, geschält
20 frische Salbeiblätter
Salz
Frisch gemahlener weißer Pfeffer
125 ml natives Olivenöl extra

Empfohlener Wein: ein junger trockener Rotwein (Dolcetto d'Acqui)

Dieses aus alter Zeit überlieferte Rezept stammt aus Monferrato und ist in der modernen Küche zu Unrecht in Vergessenheit geraten. Der italienische Name des Gerichts („Thunfisch-Kaninchen") spielt darauf an, dass das Kaninchenfleisch so zart ist wie in Öl eingelegter Thunfisch. Wenn Sie kein Kaninchen bekommen, können Sie es durch die gleiche Menge Hühnchen ersetzen.

Primi piatti

Die typisch piemontesische Küche verzichtet auf *spaghetti* und andere industriell gefertigte Pastasorten. Die zwei traditionellen Pastagerichte sind *agnolotti* (gefüllte Teigtaschen), die in heißer Brühe oder einfach mit Butter und Kräutersaucen serviert werden, und dünn geschnittene *tagliatelle*, die im piemontesischen Dialekt *tajarin* heißen. Ein wichtiger Bestandteil zahlreicher *primi piatti* ist der Reis: Er findet vor allem in Suppen mit Gemüse oder delikat gewürzten Risotti Verwendung. Auch Polenta kommt häufig auf den Tisch – wie in allen Regionen des getreidereichen Norditaliens. Die in ganz Italien beliebten *gnocchi* (Kartoffelklößchen) werden in Piemont meist mit köstlichem Fontinakäse oder Buttersaucen gereicht.

Minestra di riso e spinaci

Spinatsuppe mit Reis

Die Spinatblätter gründlich waschen, kurz abtropfen lassen. In einem Topf zugedeckt 2–3 Minuten dünsten. • Vom Herd nehmen, den Spinat etwas abkühlen lassen und gut ausdrücken. Grob hacken. • Butter in dem Topf zerlassen, den Spinat mit einer Prise Salz hineingeben. Bei mittlerer Hitze 3 Minuten braten, dabei ab und zu umrühren. Beiseite stellen. • Die Brühe in einem großen Topf zum Kochen bringen. Den Reis hineingeben und 13–15 Minuten garen. • Den Spinat dazugeben. • In einer Schüssel das Ei mit etwas Salz und Pfeffer leicht verschlagen. Den Parmesan hinzufügen und alles mit einem Schneebesen in die heiße Suppe einrühren. Vom Herd nehmen. • Vor dem Servieren etwa 30 Sekunden durchziehen lassen.

Für 4 Personen
Vorbereitungszeit: 10 Minuten
Garzeit: 25 Minuten
Schwierigkeitsgrad: einfach

350 frischer Spinat, geputzt
2 EL Butter
Salz
1 l Fleischbrühe (selbst zubereitet oder aus Brühwürfeln)
200 g italienischer Risottoreis (Arborio)
1 Ei
Frisch gemahlener weißer Pfeffer
3 EL frisch geriebener Parmesan

Empfohlener Wein: ein duftiger trockener Rotwein (Grignolino del Monferrato Casalese)

In vielen norditalienischen Gerichten spielen Spinat und Reis die Hauptrolle. Diese Spezialität aus dem Piemont wird mit Käse und leicht verschlagenem Ei verfeinert.

41

Zuppa alla canavesana
Wirsingsuppe

In einem großen Topf mit schwerem Boden die Butter und das Schweinefett zerlassen, den Knoblauch hineingeben und bei schwacher Hitze braten. • Wirsing hinzufügen und 7–8 Minuten mitbraten, bis er zusammenfällt. Dabei häufig umrühren. • Die Brühe dazugießen und 40 Minuten köcheln lassen. • Mit Salz und Pfeffer würzen. • Den Boden einer tiefen, feuerfesten Form mit einer Schicht Brot auslegen, mit Parmesan bestreuen und etwa ein Drittel der Suppe darübergießen. Darauf wieder Brot, Parmesan und Butter geben, in dieser Reihenfolge fortfahren, bis alle Zutaten aufgebraucht sind. • Für 5–10 Minuten in den auf 180 °C (Umluft 160 °C) vorgeheizten Ofen stellen.

Für 4 Personen
Vorbereitungszeit: 15 Minuten
Garzeit: 35–50 Minuten
Schwierigkeitsgrad: einfach

2 EL Butter
100 g Schweinefett, frisch oder eingesalzen
3 Knoblauchzehen, fein gehackt
750 g Wirsing, in dünne Streifen geschnitten
1 l kochend heiße Brühe (selbst zubereitet oder aus Brühwürfeln)
Salz
Frisch gemahlener schwarzer Pfeffer
4–8 Scheiben Weißbrot mit fester Krume, 2–3 Tage alt, im Backofen geröstet
8 EL frisch geriebener Parmesan

Empfohlener Wein: ein trockener Weißwein (Erbaluce)

Die Suppe schmeckt noch herzhafter, wenn das Brot nicht geröstet, sondern in der Pfanne in Butter gebacken wird. Der Wirsing kann auch durch die gleiche Menge jungen Kohlrabis ersetzt werden. In dünne Scheiben geschnitten, benötigt er eine Garzeit von etwa 30 Minuten.

Risotto alla piemontese
Risotto auf Piemonteser Art

Für 4 Personen
Vorbereitungszeit: 5 Minuten
Garzeit: 25 Minuten
Schwierigkeitsgrad: relativ einfach

60 g Butter
2 EL sehr fein gehackte Zwiebel
350 g italienischer Risottoreis
(Arborio)
125 ml trockener Weißwein
1 l kochend heiße Brühe (selbst zubereitet oder aus Brühwürfeln)
100 g Parmesan, frisch gerieben
Salz
Frisch gemahlener weißer Pfeffer
3 EL Bratensud von Fleisch oder
Geflügel
Weiße Trüffeln, sehr dünn gehobelt
(nach Belieben)

Empfohlener Wein: ein trockener
fruchtiger Weißwein (Langhe Riesling
Renano)

In einem Topf mit schwerem Boden 30 g Butter zerlassen. Die Zwiebel hineingeben und bei schwacher Hitze braten, bis sie glasig ist. • Den Reis dazugeben und unter Rühren 3–4 Minuten mitbraten. • Den Wein hinzugießen und einkochen lassen. Wenn alle Flüssigkeit aufgenommen ist, einen Teil der kochend heißen Brühe dazugießen. • Den Reis unter ständigem Rühren 15 Minuten garen, dabei immer wieder kleine Mengen Brühe nachgießen. • 50 g Parmesan unter den Reis rühren. Mit Salz und Pfeffer abschmecken. • Den Risotto unter weiterem Rühren noch etwas köcheln lassen, aber regelmäßig prüfen, ob die Reiskörner gar sind. Der Reis sollte weich, aber noch etwas bissfest sein. • Vom Herd nehmen und zugedeckt noch etwa 2 Minuten quellen lassen. • Die restliche Butter in Flöckchen auf den Risotto setzen, den restlichen Käse darüber streuen und zügig, aber behutsam untermischen. • Den Bratensud zugießen und ebenfalls untermischen. • Sofort auf vorgewärmten Tellern servieren. Nach Belieben mit sehr dünn gehobelten Trüffeln garnieren.

Mit geschmolzenem Käse vom Käse-fondue (s. Rezept S. 20) bedeckt schmeckt dieser Risotto besonders gut – eventuell mit dünn gehobelten Trüffeln als krönendem Abschluss.

Zuppa mitunn
Brot-Käse-Suppe

Die Brotscheiben bei mittlerer Hitze im Backofen rösten. • Die knusprig gerösteten Brotscheiben mit dem Knoblauch einreiben. Abwechselnd 1 Lage Greyerzer und 1 Lage Brotscheiben in eine feuerfeste Form schichten. Mit Salz und Pfeffer abschmecken. • Vorsichtig so viel Brühe dazugießen, dass die oberste Brotschicht bedeckt ist. • Für 15 Minuten in den auf 200 °C (Umluft 180 °C) vorgeheizten Backofen stellen. Das Brot sollte in dieser Zeit die gesamte Brühe aufnehmen. • Sofort servieren.

Für 4 Personen
Vorbereitungszeit: 15 Minuten
Garzeit: 15 Minuten
Schwierigkeitsgrad: einfach

8 Scheiben Weißbrot mit fester Krume, etwa 2 cm dick und 9 x 9 cm groß
2 Knoblauchzehen, geschält
200 g Greyerzer, in dünne Scheiben geschnitten
Salz
Frisch gemahlener schwarzer Pfeffer
1 l kochend heiße Fleischbrühe (selbst zubereitet oder aus Brühwürfeln)

Empfohlener Wein: ein trockener Rotwein (Dolcetto d'Asti)

Die köstliche Brühe, die bei der Zubereitung von Baié (s. Rezept S. 64) übrig bleibt, dient als Grundlage für viele *primi piatti* des Piemont. Zusammen mit Brot oder Reis verleiht sie einfachen, aber sehr schmackhaften Suppen und Risotti ein wunderbar feines Aroma.

Agnolotti
Gefüllte Teigtaschen mit Salbeibutter

Für 4 Personen

Vorbereitungszeit: 2 Stunden +
2–12 Stunden Ruhezeit für den Pastateig

Garzeit: 3–5 Minuten

Schwierigkeitsgrad: anspruchsvoll

Für den Pastateig:
1 Portion Pastateig (s. Rezept S. 51)

Für die Füllung:
2 EL Butter
3 EL Bratensud
100 g Wirsing, sehr fein gehackt
1 kleine Stange Lauch, nur das Weiße,
in dünne Scheiben geschnitten
60 g frische italienische Wurstmasse
(nach Belieben)
Je 180 g mageres Rind- und Schweinefleisch, in Würfel geschnitten
1 Ei
2 EL frisch geriebener Parmesan
Frisch geriebene Muskatnuss
Salz
Frisch gemahlener weißer Pfeffer

Für die Sauce:
60 g Butter
6 frische Salbeiblätter
4 EL frisch geriebener Parmesan

Empfohlener Wein: ein leichter trockener
Rotwein (Grignolino)

Den Pastateig wie auf S. 51 beschrieben zubereiten. • Für die Füllung die Butter in einem Topf bei mittlerer Hitze zerlassen. Bratensud, Wirsing, Lauch und zerkrümelte Wurstmasse (falls verwendet) hinzufügen und 5–6 Minuten erhitzen. Dabei häufig umrühren und bei Bedarf etwas Brühe oder Wasser dazugießen. • Abkühlen lassen und zusammen mit dem Fleisch in der Küchenmaschine sehr fein zerkleinern. • Die zerkleinerte Masse in eine Rührschüssel geben und Ei, Parmesan, 1 Prise Muskat, Salz und weißen Pfeffer hinzufügen. Alles gründlich vermischen und beiseite stellen. • Den Pastateig auf einer leicht bemehlten Arbeitsfläche mit einem ebenfalls bemehlten Nudelholz sehr dünn ausrollen. In vier 10 cm breite Streifen schneiden. • Mit einem Teelöffel oder einem Spritzbeutel kleine Portionen Füllung (etwa kirschgroß) im Abstand von 5 cm hintereinander auf eine Längsseite der Teigstreifen setzen. • Die Ränder der Teigstreifen anfeuchten. Die freie Seite längs über die Füllung klappen, die äußeren Ränder und den Teig zwischen den Füllungen fest andrücken. • Die gefüllten Teigstreifen mit einem Teigrädchen trennen, sodass einzelne gefüllte Teigtaschen entstehen. • Die *agnolotti* nebeneinander auf einem sauberen bemehlten Küchentuch ausbreiten und an einem kühlen Ort mindestens 2 Stunden oder über Nacht ruhen lassen. • In einem Topf reichlich Wasser mit Salz zum Kochen bringen und die *agnolotti* darin 3–5 Minuten garen. • Gut abtropfen lassen und auf eine vorgewärmte Servierplatte geben. • Die Butter in einer Pfanne zerlassen. Mit dem Salbei erhitzen, bis sie goldbraun ist und über die Teigtaschen träufeln. Mit Parmesan bestreuen und heiß servieren.

Die Füllung der *agnolotti* variiert von Ort zu Ort. Besonders geschätzt werden gehackter Schinken und Trüffel mit einer Sauce aus Butter, frischem, dünn gehobelten weißen Trüffel und Parmesan. In manchen Restaurants serviert man *agnolotti* heute auch zu Käsefondue (s. Rezept S. 20).

Trüffeln: das Gold des Piemonts

Schon zu Zeiten der Römer schätzte man in Italien Trüffeln als Delikatesse. Allerdings bevorzugten die Menschen im Altertum andere Sorten als die heute so begehrten. Die Römer aßen afrikanische Trüffeln (die nicht annähernd so gut waren wie jene der italienischen Halbinsel), schienen sich jedoch der heimischen Schätze überhaupt nicht bewusst zu sein. Von Apicius, einem römischen Koch und Verfasser des ältesten noch erhaltenen Kochbuchs, sind mehrere Trüffel-Rezepte überliefert. Den Menschen des Mittelalters galten Trüffeln vermutlich als sündiges Lebensmittel, das man bestenfalls als Medizin nutzen konnte, doch im frühen 13. Jahrhundert sollte die italienische Oberschicht die köstlichen Pilze für sich entdecken. Selbst Petrarca lobte deren einzigartiges Aroma in einem seiner Gedichte. Während der Renaissance gehörten Trüffeln auf jede festliche Tafel. Lucrezia Borgia liebte Trüffeln, und Katharina von Medici, die junge Florentinerin, die Königin von Frankreich wurde, sorgte dafür, dass auch die französische Küche mehr Geschmack daran fand. Im 19. Jahrhundert war die Trüffel das gastronomische Symbol für kulinarische Raffinesse und Luxus. Napoleons Begeisterung für Trüffeln war ebenso groß wie die seiner Widersacher — folgerichtig servierte man sie auch 1815 auf dem Wiener Kongress, auf dem Europa nach den Napoleonischen Kriegen neu geordnet wurde.

Trüffeln wachsen unter der Erde, manchmal bis zu 30 cm tief, und sind entsprechend schwer zu finden. Nur einige wenige Kenner haben eine so feine Nase, dass sie ihren charakteristischen Geruch wahrnehmen können, und so bedarf es für die Trüffelsuche in der Regel eines besonders ausgebildeten Hundes oder Schweins. Der Beruf des Trüffelsuchers — oder „trifolau" im Piemontesischen — ist alt und angesehen und erfordert neben einem Trüffelhund oder -schwein vorzügliche Kenntnisse der heimischen Wälder und Fundorte. Die meisten piemontesischen Trüffelhunde sind mit anderen Jagdhunden gekreuzte Setter, die ab einem Alter von sechs Monaten ausgebildet werden.

Trüffeln sind Pilze, die hauptsächlich in gemäßigten Klimazonen im Waldboden wachsen. Sie gedeihen in offenen Wäldern und bevorzugen die Wurzeln bestimmter Baumarten wie Buchen, Weiden, Linden und Pappeln als Wirte. Die weiße piemontesische Trüffel hat eine glatte Oberfläche, während die schwarze Trüffel, die man in Mittelitalien häufiger findet, eine warzige Haut besitzt.

Die weißen Trüffeln aus Alba im Piemont zählen zu den besten der Welt. Geerntet werden sie zwischen Oktober und Dezember und erzielen viele Tausende und Abertausende von Mark! Traditionalisten verzehren die sehr fein gehobelten Pilze zu nur vier verschiedenen heimischen Gerichten: in Butter gebratene Eier, Risotto Piemonteser Art (s. Rezept S. 44), Tatar aus Alba und Agnolotti (s. Rezept S. 46).

Trüffeln sind das Symbol der Stadt Alba, einem der gastronomischen Zentren Italiens. Jedes Jahr findet ein viel beachteter Trüffelmarkt statt, auf dem Feinschmecker von nah und fern die besten Exemplare der Saison begutachten und kaufen. In den sechziger und siebziger Jahren machte die Stadt von sich reden, als sie jedes Jahr die größte Trüffel an eine international bekannte Persönlichkeit verschenkte von Sophia Loren über Harry Truman bis Nikita Chruschtschow.

Tajarin
Tagliatelle mit Rosmarinbutter

Für die Zubereitung des Pastateigs das Mehl auf eine Arbeitsfläche geben. In die Mitte eine Mulde drücken. • Eier, Parmesan, Öl, etwas Salz und Wasser mit einer Gabel leicht verrühren und in die Mulde gießen. Die benötigte Wassermenge kann nach Art des Mehls variieren, daher zunächst nur ein Drittel der angegebenen Flüssigkeit zum Mehl gießen. Während der Zubereitung zeigt sich, ob auch der Rest (oder mehr) benötigt wird. • Mit einer Gabel das Mehl nach und nach mit der Eiermischung verrühren. Ist der größte Teil des Mehls eingearbeitet, den Rest mit den Händen unterkneten. Den Teig gründlich durchkneten, bis er glatt und elastisch ist und sich leicht von der Arbeitsfläche löst. • Den Teig zu einer Kugel formen und in ein sauberes Küchentuch wickeln. Bei Raumtemperatur 20–30 Minuten ruhen lassen. • Die Arbeitsfläche mit dem restlichen Mehl bestäuben und den Teig sehr dünn ausrollen. • Die entstandene Teigplatte locker aufrollen und in ½ cm breite Streifen schneiden. Die langen, dünnen Bandnudeln entrollen, auf einem sauberen Küchentuch zum Trocknen ausbreiten und 1 Stunde ruhen lassen. • Reichlich Wasser in einem großen Topf salzen, zum Kochen bringen und die *tagliatelle* darin 2–3 Minuten garen. • Gut abtropfen lassen, auf einer vorgewärmten Servierplatte anrichten und mit geriebenem Parmesan bestreuen. • Während die Nudeln garen, die Butter in einer Pfanne zerlassen und zusammen mit dem Rosmarin erhitzen, bis sie eine hellgoldene Farbe hat. Die heiße Butter über die *tagliatelle* träufeln und alles vorsichtig vermischen. • Frische Trüffeln hauchdünn darüber hobeln und heiß servieren.

Für 4 Personen

Vorbereitungszeit: 30 Minuten +
1 Stunde Ruhezeit

Garzeit: 2–3 Minuten

Schwierigkeitsgrad: relativ einfach

Für den Pastateig:
400 g Mehl
2 Eier, von Raumtemperatur
2 EL frisch geriebener Parmesan
1 EL natives Olivenöl extra
Salz
100 ml kaltes Wasser

Für die Rosmarinbutter:
60 g Butter
1 frischer Rosmarinzweig (ersatzweise
1 frischer Salbeizweig)
Weiße Trüffeln, sehr dünn gehobelt

Empfohlener Wein: ein junger trockener
Rotwein (Roero)

Der Sud, der beim Braten von Rind, Schwein oder Geflügel in der Pfanne zurückbleibt, wird im Piemont mit etwas frisch geriebenem Parmesan ebenfalls gern zu *tagliatelle* gegessen.

Für 4 Personen
Vorbereitungszeit: 1 Stunde
Garzeit: 15 Minuten
Schwierigkeitsgrad: relativ einfach

Für die *cannelloni*:
1 großes Ei
100 g Mehl
150 ml Milch
3 EL natives Olivenöl extra
Salz

Für die Füllung:
250 g mageres Kalbfleisch
75 g Schinken (*prosciutto*)
1 Ei
1 EL frisch geriebener Parmesan

Für die Béchamelsauce:
30 g Butter, zusätzlich Butter zum
Einfetten
25 g Mehl
250 ml Milch
1 El frisch geriebener Parmesan
Salz
Frisch gemahlener weißer Pfeffer

Empfohlener Wein: ein trockener,
kräftiger Rotwein (Grignolino del
Monferrato Cadalese)

Cannelloni alla barbaroux
Überbackene Cannelloni

Für die *cannelloni*: Ei, Mehl, Milch, ½ EL Olivenöl und Salz in eine Rührschüssel geben und mit einem Schneebesen oder dem Handrührgerät zu einem glatten Teig verrühren. • In einer beschichteten Pfanne (etwa 10 cm Bodendurchmesser) 1 TL Öl erhitzen. 2 EL Teig hineingeben und die Pfanne sofort schwenken, sodass der Teig sich gleichmäßig dünn verteilt. Den Pfannkuchen nach 40–50 Sekunden wenden und weitere 30 Sekunden goldbraun backen. Den Pfannkuchen auf einen Teller gleiten lassen. Mit dem restlichen Teig ebenso verfahren. Der Teig sollte insgesamt 12 Pfannkuchen ergeben. • Für die Füllung das Kalbfleisch und den Schinken durch den Fleischwolf drehen und in einer Schüssel sorgfältig mit dem Ei und dem Parmesan vermischen. • Die Pfannkuchen mit der Füllung bestreichen und nicht zu fest aufrollen. • Eine flache, feuerfeste Form mit Butter einfetten und die gefüllten *cannelloni* nebeneinander hineinlegen. • Für die Béchamelsauce die Butter in einem kleinen Topf zerlassen, das Mehl einrühren und bei mittlerer Hitze 2–3 Minuten unter Rühren goldbraun anschwitzen. • Nach und nach die Milch hinzugießen und mindestens 5 Minuten köcheln lassen, bis eine sämige, aber noch flüssige Sauce entsteht. Dabei ständig rühren. • Den Herd ausschalten. Den geriebenen Käse an die Sauce geben und 1 weitere Minute rühren. Mit Salz und Pfeffer abschmecken. • Die Béchamelsauce über die *cannelloni* gießen. • Im vorgewärmten Ofen bei 200 °C (Umluft 180 °C) goldbraun überbacken. • Sehr heiß servieren.

Käse aus Piemont und dem Aostatal

Die Alpentäler des Piemont und des Aostatals bieten ideale Verhältnisse für Milchwirtschaft, und so verwundert es nicht, dass Milch und Milchprodukte wie Butter und Käse eine wichtige Rolle in der traditionellen Küche dieser Regionen spielen. Der bekannteste Käse heißt Fontina und wurde nach der Alpenregion Font benannt, die für ihre hohe Milchqualität gerühmt wird.

Rezepte für die Herstellung von Fontina-Käse gehen bis ins 13. Jahrhundert zurück. Das Original trägt das italienische Qualitätssiegel für landwirtschaftliche Produkte DOC (denominazione controllata di origine). 1996 wurde ihm zusätzlich das europäische DOP (denominazione d'origine protetta) zuerkannt, das hohe Qualität und Produktionsstandards garantiert.

Gorgonzola stammt aus der lombardischen Kleinstadt Gorgonzola, wenige Kilometer von Mailand entfernt. Anfang des 20. Jahrhunderts entdeckte ihn auch das Piemont. In der Provinz Novara wird er aus Kuhmilch hergestellt. Während der Reifezeit werden kleine Löcher in die Käsemasse gestochen, in denen dann der blaugrüne Schimmel entsteht. Der würzige Käse hat einen sahnigen, leicht süßlichen Nachgeschmack.

Robiola ist ein ausschließlich aus Ziegenmilch gewonnener Frischkäse. Der weiche und streichfähige Käse hat ein delikates Aroma und einen leicht scharfen Geschmack.

Toma ist ein altes Wort für Käse aus Rohmilch. Er kommt aus dem Gebirge und wird aus Kuhmilch und einem kleinen Anteil Schafs- und Ziegenmilch bereitet. Tomini sind kleine Frischkäse aus Kuhmilch oder einer Mischung aus Kuh-, Schafs- und Ziegenmilch.

Schafe, Ziegen und Kühe werden in Piemont und im Aostatal seit vielen Jahrhunderten gehalten. Vielerorts wird der Käse noch auf traditionelle Art hergestellt.

Fontina aus dem Aostatal ist aus Kuhmilch: Für ein Kilogramm Käse werden 10 Liter Milch benötigt. Fontina reift in unterirdischen Höhlen bei konstanten 10 °C und hoher Luftfeuchtigkeit (etwa 90 Prozent) heran. Die Rinde wird drei Monate lang jeden zweiten Tag mit Salz behandelt. Der reife Käse hat eine bernsteinfarbene, dünne Rinde und schmilzt im Mund. Fontina wird vor allem zum Kochen verwendet: als Fondue, mit „gnocchi" oder „polenta", aber auch in Brot- oder Reissuppen.

Gnocchi di Cuneo
Piemontesische Kartoffelklößchen

Für 4 Personen
Vorbereitungszeit: 45 Minuten
Garzeit: 2 Minuten
Schwierigkeitsgrad: relativ einfach

750 g mehlig kochende Kartoffeln
3 Eier, getrennt
150 g Mehl
Salz
Frisch gemahlener weißer Pfeffer
Frisch geriebene Muskatnuss
4 EL frisch geriebener Parmesan
60 g Butter
5–6 frische Salbeiblätter

Empfohlener Wein: ein trockener Weißwein (Roero Arnis)

Die Kartoffeln mit der Gemüsebürste unter fließendem kaltem Wasser waschen. In einem großen Topf in kochendem Wasser garen. Abtropfen lassen, sofort schälen und noch heiß durch die Kartoffelpresse drücken. • Das Eiweiß in einer großen Rührschüssel steif schlagen, dann Eigelb, Mehl, Salz, etwas frisch gemahlenen Pfeffer und 1 Prise geriebene Muskatnuss hinzufügen. Zum Schluss die Kartoffeln dazugeben. Alles vorsichtig, aber gründlich vermischen. • Wasser in einem großen Topf salzen und zum Kochen bringen. Mit einem Esslöffel kleine Portionen Kartoffelteig in das kochende Wasser gleiten lassen. • Sobald die *gnocchi* an der Oberfläche schwimmen, sind sie gar. Mit dem Schaumlöffel herausnehmen, auf eine vorgewärmte Servierplatte geben und mit Parmesan bestreuen. • Während die *gnocchi* garen, die Butter in einer Pfanne zerlassen und mit den Salbeiblättern erhitzen, bis sie eine goldbraune Farbe bekommt. • Die *gnocchi* mit der Salbeibutter beträufeln und servieren.

„Dunderet" nennen die Einheimischen diese Kartoffelklößchen, die etwas von den klassischen *gnocchi* abweichen und früher vor allem zu festlichen Gelegenheiten auf den Tisch gebracht wurden. Eine kleine Schwierigkeit besteht darin, die verschiedenen Garzeiten zeitlich miteinander in Einklang zu bringen.

Riso ai formaggi
Vier-Käse-Reis

Reichlich Wasser mit Salz in einem Topf zum Kochen bringen und den Reis darin in 10–12 Minuten bissfest garen. Kurz abtropfen lassen und noch sehr feucht in eine Schüssel geben. • Den Reis mit 50 g Butter, 45 g Parmesan, 1 Prise Muskat, Salz und weißem Pfeffer vermischen. • 1 EL Butter in einer großen, beschichteten Pfanne zerlassen. Den Reis hineingeben und bei schwacher Hitze unter Rühren 3–4 Minuten braten. So entwickeln die Gewürze mehr Aroma und der Reis quillt noch etwas auf. Eine tiefe, ofenfeste Form einfetten und ein Drittel der Reismischung hineinfüllen. Mit jeweils 40 g Fontina, Greyerzer und Provolone bestreuen. Den restlichen Reis zur Hälfte in der Form verteilen und mit dem restlichen Käse (bis auf den Parmesan) bestreuen.
• Den übrigen Reis in die Form geben und den restlichen Parmesan darüber streuen.
• Im vorgewärmten Ofen bei 190 °C (Umluft 170 °C) 15–20 Minuten überbacken.

Für 4 Personen
Vorbereitungszeit: 10 Minuten
Garzeit: 35 Minuten
Schwierigkeitsgrad: einfach

Salz
350 g italienischer Risottoreis
(Arborio)
100 g Butter, in Flöckchen, zusätzlich
Butter zum Einfetten
60 g Parmesan, frisch gerieben
Frisch geriebene Muskatnuss
Frisch gemahlener weißer Pfeffer
75 g Fontina, grob gerieben
75 g Greyerzer, grob gerieben
75 g Provolone, grob gerieben

Empfohlener Wein: ein trockener
Rotwein mit Mandelaroma
(Valle d'Aosta Donnas)

In der Provinz Cuneo bereitet man *tagliatelle* auf die gleiche Weise zu. Die Pasta wird gerade bissfest gegart und anschließend 5–7 Minuten im Ofen überbacken.

Polenta con salsa di porri
Polenta mit Lauchsauce

Das Wasser mit dem Salz zum Kochen bringen. Den Maisgrieß einrieseln lassen. Dabei ständig mit einem Schneebesen rühren, damit sich keine Klümpchen bilden. • Bei schwacher Hitze unter häufigem Rühren etwa 45 Minuten köcheln lassen, bis er weich ist. • Den Lauch in 2–3 mm dicke Scheiben schneiden. • Die Butter in einem Topf bei schwacher Hitze zerlassen. Den Lauch hineingeben und zugedeckt etwa 5 Minuten braten, bis er weich ist. • Mit Salz und frisch gemahlenem weißen Pfeffer abschmecken. Sahne und Milch dazugießen und den Lauch bei schwacher Hitze weitere 20–25 Minuten garen. • Die fertige *polenta* auf eine vorgewärmte Servierplatte geben. Sie sollte eine relativ feste Konsistenz haben. • Die Lauchsauce in eine ebenfalls vorgewärmte Schüssel füllen und beides heiß servieren.

Für 4 Personen
Vorbereitungszeit: 15 Minuten
Garzeit: 45–60 Minuten
Schwierigkeitsgrad: einfach

Für die *polenta*:
1,5 l kaltes Wasser
1 gestrichener EL grobes Salz
350 g Maisgrieß

Für die Sauce:
350 g Lauch, nur das Weiße, in Scheiben geschnitten
3 EL Butter
Salz
Frisch gemahlener weißer Pfeffer
300 ml süße Sahne
4–5 EL Vollmilch

Empfohlener Wein: ein trockener, leicht perlender Rotwein (Barbera del Monferrato Vivace)

In früheren Zeiten wurde *polenta* in einem Kupferkessel zubereitet, den man über das Feuer hängte. Diese klassische Garmethode ist mühselig, und in vielen italienischen Haushalten benutzt man inzwischen einen elektrischen Polenta-topf. Eine gute Alternative bietet auch Instantgrieß, der nur eine kurze Garzeit benötigt und fast überall erhältlich ist.

Gnocchi alla fontina

Kartoffelklößchen mit Fontina

Für 4–6 Personen

Vorbereitungszeit: 45 Minuten +
1–2 Stunden Ruhezeit

Garzeit: 2–3 Minuten

Schwierigkeitsgrad: relativ einfach

1 kg helle, mehlig kochende Kartoffeln
250 g Mehl, zusätzlich 3–4 EL zum
Kneten
1 TL Salz
200 g Fontina, grob gerieben
60 g Butter, zerlassen, goldbraun

*Empfohlener Wein: ein trockener
Rotwein mit Mandelaroma (Barmet)*

Die Kartoffeln unter fließendem kalten Wasser mit einer Gemüsebürste waschen. In einem Topf mit kochendem Wasser weich garen. Schälen und noch heiß durch eine Kartoffelpresse in eine Rührschüssel drücken. ● Mehl und Salz untermischen, und alles zu einem glatten, formbaren Teig verkneten. ● Eine Arbeitsfläche mit etwas Mehl bestreuen und aus einem Viertel des Teigs lange, fingerdicke Rollen formen. Die Rollen in knapp 2 cm dicke Stücke schneiden. Jedes Stück mit dem Daumen gegen die Zinken einer Gabel drücken, so dass jedes Klößchen auf einer Seite leicht eingedrückt und auf der anderen geriffelt ist. ● Den restlichen Teig ebenso verarbeiten. Die fertig geformten *gnocchi* auf ein bemehltes Tuch setzen und 1–2 Stunden ruhen lassen. ● Wasser in einem großen Topf salzen und zum Kochen bringen und die *gnocchi* hineingeben. Die Klößchen, die an der Oberfläche schwimmen, mit einem Schaumlöffel herausnehmen und gut abtropfen lassen. ● Auf eine vorgewärmte Platte geben und mit Käse bestreuen. Mit Butter beträufeln und sofort servieren.

Polenta di frumentino

Buchweizenpolenta mit Sardellen und Käse

Das Wasser mit dem Meersalz zum Kochen bringen. Nach und nach den Maisgrieß und das Buchweizenmehl einrieseln lassen. Dabei ständig mit einem Schneebesen umrühren, um Klümpchenbildung zu vermeiden. • Bei schwacher Hitze 45–60 Minuten unter häufigem Rühren garen. • Die fertige *polenta* (sie sollte relativ fest sein) auf einen großen Teller oder ein Brett stürzen und mindestens 30 Minuten auskühlen lassen. • Die Butter (bis auf 2 EL) in einer kleinen Pfanne zerlassen. • Mit der übrigen Butter eine tiefe, feuerfeste Form einfetten. • Die *polenta* in 2 cm dicke Stücke schneiden. Etwa ein Viertel der Polentastücke in der Form verteilen, mit etwa 30 g Sardellen und etwa 80 g Käse belegen sowie einem Drittel der geschmolzenen Butter beträufeln. Auf diese Weise noch zwei weitere Schichten *polenta*, Sardellen und Käse in der Form verteilen. • Mit einer Schicht *polenta* abschließen und die restliche Butter darüber träufeln. • Im vorgewärmten Ofen bei 200 °C (Umluft 180 °C) in 20–25 Minuten goldbraun backen.

Für 4 Personen
Vorbereitungszeit: 30 Minuten
Garzeit: 80 Minuten
Schwierigkeitsgrad: einfach

1,5 l Wasser
1 EL grobes Meersalz
200 g Maisgrieß
150 g Buchweizenmehl
125 g Butter
100 g eingelegte Sardellen, abgespült, entgrätet
250 g frischer Toma (ersatzweise Fontina), in Scheiben geschnitten

Empfohlener Wein: ein trockener kräftiger Rotwein (Gattinara)

Im Piemont wird Buchweizenmehl immer in Kombination mit Maisgrieß (polenta) oder gelegentlich auch mit gegarten, zerdrückten Kartoffeln verwendet.

Secondi piatti

Fleisch ist im Piemont nach wie vor wichtigster Bestandteil des Hauptgangs und Mittelpunkt eines ausgewogenen Essens. Die Auswahl ist schier unerschöpflich – die weitläufigen Wälder sind reich an Wild, und fast jeder Bauer zieht Rinder, Hühner und Kaninchen. Neben Salami gibt es eine Vielzahl an geräucherten, luftgetrockneten oder gepökelten Fleisch- und Wurstwaren. Fleisch wird gern mit Butter, Sahne und Käse gegart oder langsam in den kräftigen, trockenen Rotweinen aus der Region geschmort. Der besondere Stolz jedes Restaurants ist bis heute eine reichhaltige Platte mit gegartem oder gebratenem Fleisch. Der Gast sucht sich sein Lieblingsstück aus, das dann an Ort und Stelle geschnitten wird.

Spezzatino alla panna

Kalbsrahmtopf

Das Fleisch mit etwas Salz und Pfeffer würzen. • In einem Topf 1 EL Butter zerlassen und so lange erhitzen, bis die Butter nicht mehr schäumt. Das Kalbfleisch hineingeben und bei schwacher Hitze 10–15 Minuten unter häufigem Rühren braun anbraten. • In der Zwischenzeit in einem kleinen Topf die restliche Butter zerlassen. Das Mehl darin bei mittlerer Hitze unter Rühren anschwitzen, bis es sich leicht verfärbt. Die Mehl-Butter-Mischung zum Fleisch geben und unter ständigem Rühren einige Minuten erhitzen. • Die Sahne dazugießen. Zugedeckt mindestens 1 Stunde köcheln lassen, gelegentlich umrühren. • Wenn die Flüssigkeit zu stark einkocht, 2 EL Milch oder Wasser dazugeben, damit reichlich Sauce entsteht. • Bei Bedarf mit Salz abschmecken. Heiß servieren.

Für 4 Personen
Vorbereitungszeit: 5 Minuten
Garzeit: etwa 1½ Stunden
Schwierigkeitsgrad: einfach

650 g Kalbfleisch (aus der Schulter), in 3 cm große Würfel geschnitten
Salz
Frisch gemahlener weißer Pfeffer
60 g Butter
1–2 EL Mehl
300 ml süße Sahne

Empfohlener Wein: ein trockener Rosé (Rosé di Fontanarossa)

Zu diesem klassischen Gericht schmecken gegarte neue Kartoffeln besonders gut.

Baié

Bunte Platte mit gegartem Fleisch

Für 10 Personen

Vorbereitungszeit: 10 Minuten

Garzeit: 4 Stunden, eventuell länger

Schwierigkeitsgrad: einfach

6 l kaltes Wasser

4–6 Gewürznelken (nach Belieben)

1½ große Zwiebeln, geschält, geputzt

3 Stangen Bleichsellerie, geputzt, gewaschen

3 mittelgroße Möhren, geschält

20 schwarze Pfefferkörner

3 EL grobes Salz

1,5 kg Rindfleisch, aus Brust, Keule oder Hüfte, entbeint, 1 kg Kalbfleisch, aus Brust, Keule oder Hüfte, entbeint

¼ Hühnchen (oder ¼ Poularde), küchenfertig

600 g Kalbszunge

1 *cotechino* (geräucherte Kochwurst vom Schwein), etwa 750 g

Empfohlener Wein: ein trockener Rotwein (Corvo Rosso)

Gegartes Fleisch isst man überall in Italien, doch die Piemonteser Variante fällt dank der hohen Qualität des hier produzierten Fleisches besonders üppig und vielfältig aus. Der Fond von Kalb- und Rindfleisch ergibt eine hervorragende Brühe, die für eine Vielzahl von Rezepten, etwa Risotto oder andere *primi piatti*, verwendet werden kann. Tiefgefroren lässt sie sich problemlos aufbewahren.

Cotechino für 1 Stunde in reichlich kaltes Wasser legen. • Das Wasser in einem sehr großen Topf zum Kochen bringen. • Die ganze Zwiebel mit den Gewürznelken (falls verwendet) spicken und mit 2 Selleriestangen, 2 Möhren, 12–14 Pfefferkörnern und 2 EL Salz ins kochende Wasser geben. • Die Rindfleischstücke hinzufügen. Sobald das Wasser wieder kocht, die Hitze reduzieren. • Das Fleisch zugedeckt 1 Stunde bei schwacher Hitze garen, dann Kalbfleisch und Hühnchen (oder Poularde) dazugeben. • Weitere 2 Stunden garen. Bei Bedarf kochend heißes Wasser dazugießen, sodass alles bedeckt ist. • Mit einem Fleischspieß prüfen, ob das Fleisch gar ist: eventuell weitere 30 Minuten garen. • In der Zwischenzeit die Haut des *cotechino* mit einem Cocktailspießchen einstechen. Die Wurst in einen Topf legen und mit frischem kalten Wasser bedecken. Sehr langsam zum Kochen bringen und 3 Stunden bei schwacher Hitze garen (das Wasser sollte sich kaum bewegen), damit die Wurst nicht platzt. Wenn die Wurst gar ist, Kochwasser weggießen. • 1 Stunde nach Garbeginn des Rindfleisches und der Wurst in einem weiteren Topf die Kalbszunge mit dem restlichen Gemüse, den Pfefferkörnern und dem Salz 2 Stunden garen. Wenn die Zunge gar ist, das Kochwasser weggießen. • Die verschiedenen Fleischsorten sollten etwa gleichzeitig fertig sein, können aber ohne Weiteres einige Zeit länger im Kochsud liegen bleiben, bis alles fertig ist. • *Cotechino* in Scheiben schneiden, die übrigen Fleischstücke ganz belassen. Auf einer oder mehreren vorgewärmten Platten anrichten und servieren. Dazu verschiedene Saucen reichen: etwa *Grüne Sauce* (s. Rezept S. 15) und *Warme Rote Sauce* (s. Rezept S. 16), aber auch Dijonsenf oder das Fleisch großzügig mit nativem Olivenöl extra beträufeln.

Costolette alla valdostana

Kalbskoteletts mit Käsefüllung

Für 4 Personen
Vorbereitungszeit: 10 Minuten
Garzeit: 15–18 Minuten
Schwierigkeitsgrad: einfach

4 Kalbskoteletts, jeweils 180–200 g

125 g Fontina, in dünne Scheiben geschnitten

Frische Trüffeln, sehr dünn gehobelt (nach Belieben)

Salz

Frisch gemahlener schwarzer Pfeffer

1 EL Mehl

1 Ei, leicht verschlagen

5–6 EL feine Semmelbrösel

100 g Butter

Mit einem spitzen, scharfen Messer zum Knochen hin eine Tasche in die Koteletts schneiden. • Jede Tasche mit etwa 30 g Käse und nach Belieben etwas gehobelter Trüffel füllen. • Die Ränder der Taschen vorsichtig flachklopfen, um sie zu verschließen. • Die Koteletts von beiden Seiten mit Salz und Pfeffer würzen und mit Mehl bestäuben. In das verschlagene Ei tauchen und in den Semmelbröseln wenden. • Etwa 70 g Butter in einer beschichteten Pfanne bei starker Hitze zerlassen. So lange erhitzen, bis sie nicht mehr schäumt. Die Koteletts darin von beiden Seiten goldbraun braten. Beim Wenden die restliche Butter in Flöckchen geschnitten hinzufügen. • Sehr heiß servieren.

*Empfohlener Wein:
ein trockener, kräftiger
Rotwein (Barbaresco)*

Tapilon
Pikant geschmortes Rindfleisch

Die Butter mit dem Öl in einem Topf zerlassen. Knoblauch und Rosmarin hineingeben und 2 Minuten bei mittlerer Hitze braten. • Das Hackfleisch hinzufügen und mit der Gabel zerteilen. Das Fleisch unter häufigem Rühren 5–7 Minuten braun anbraten, bis die ausgetretene Flüssigkeit verdampft ist. • 150 ml Wein dazugießen und das Lorbeerblatt hinzufügen. Bei schwacher Hitze 40 Minuten köcheln lassen. Gelegentlich umrühren und nach und nach den restlichen Wein dazugießen. • Das Lorbeerblatt entfernen und das Fleisch mit Salz und Pfeffer abschmecken. Heiß mit *polenta* (s. Rezept S. 58) oder gegartem Reis servieren.

Für 4 Personen
Vorbereitungszeit: 5 Minuten
Garzeit: 1 Stunde
Schwierigkeitsgrad: einfach

3 EL Butter
4 EL natives Olivenöl extra
2 große Knoblauchzehen, fein gehackt
1 EL frisch gehackter Rosmarin
625 g mageres Hackfleisch vom Rind
300 ml trockener, kräftiger Rotwein
1 Lorbeerblatt
Salz
Frisch gemahlener schwarzer Pfeffer

Empfohlener Wein: ein trockener, kräftiger Rotwein (Gattinara)

Früher bereitete man dieses Gericht mit Eselfleisch zu, das in winzige Stückchen geschnitten wurde. Heute wird es durch Hackfleisch ersetzt.

Brasato al Barolo
Rinderschmorbraten in Barolo

Für 5–6 Personen
Vorbereitungszeit: 20 Minuten
Garzeit: 4 Stunden
Schwierigkeitsgrad: einfach

Das Fleisch mithilfe einer Spicknadel mit dem Speck spicken. • Rundum mit Salz und Pfeffer würzen und leicht mit Mehl bestäuben. • In einem Schmortopf, gerade groß genug für den Braten, die Butter mit dem Öl zerlassen. Wenn das Fett zu zischen beginnt, das Fleisch hineinlegen und in etwa 10 Minuten rundum braun anbraten. • Den Braten aus dem Topf nehmen und beiseite stellen. • Rosmarin, Salbei, Knoblauch, Petersilie, Zwiebel, Möhre und Sellerie in den Bratensud geben. Bei mittlerer Hitze 5 Minuten sautieren. • Das Fleisch mit den Lorbeerblättern, den Gewürznelken, einer Prise Muskat und 2–3 EL kochend heißem Wasser in den Schmortopf geben und 1 Minute erhitzen. • Mit 250 ml Barolo ablöschen. Zugedeckt bei schwacher Hitze schmoren. Sobald die Flüssigkeit stark eingekocht ist (nach etwa 40 Minuten), den restlichen Wein dazugießen und zugedeckt 3 Stunden schmoren. Den Braten ab und zu wenden. • Mit einem dünnen Metallspieß den Gartest machen: Das Fleisch ist gar, wenn es sehr mürbe ist, der Spieß also mühelos ins Fleisch eindringt. • Lorbeerblätter und Gewürznelken entfernen. Das Fleisch herausnehmen und warm stellen. • Den Bratensaft eventuell mit Salz abschmecken und alles durch ein Sieb abseihen. Das Gemüse durch das Sieb streichen (oder alles in der Küchenmaschine zu einer glatten Sauce pürieren). • Den Braten in 1 cm dicke Scheiben schneiden, auf einer vorgewärmten Platte anrichten und mit der Sauce übergießen. • Heiß servieren, dazu *Polenta* (s. Rezept S. 58) oder Kartoffelpüree reichen.

1 kg Rindfleisch aus Kamm, Brust oder Keule

2 Scheiben Schweinespeck, 1 cm dick

Salz

Frisch gemahlener schwarzer Pfeffer

1–2 EL Mehl

3 EL Butter

3 EL natives Olivenöl extra

$^{1}/_{2}$ EL fein gehackter frischer Rosmarin

4 frische Salbeiblätter, fein gehackt

1 Knoblauchzehe, fein gehackt

1 TL fein gehackte Petersilie

1 mittelgroße Zwiebel, grob gehackt

1 mittelgroße Möhre, grob geraspelt

1 Stange Bleichsellerie, geputzt, gewaschen, in kleine Stücke geschnitten

2 Lorbeerblätter

1–2 Gewürznelken

Frisch geriebene Muskatnuss

1 Flasche Barolo

Empfohlener Wein: ein trockener, kräftiger Rotwein (Barbera d'Asti)

Das exzellente Piemonteser Rindfleisch und bester Barolo machen dieses Gericht zu einem außergewöhnlichen Genuss. Früher wurde der Rinderbraten mit Kräutern und Gewürzen bis zu 6 oder 7 Tage, mindestens aber 12 Stunden in Barolo eingelegt, anschließend angebraten und dann in der Marinade geschmort.

Rolata di vitello
Gefüllter Kalbsrollbraten

Für 4 Personen
Vorbereitungszeit: 15 Minuten
Garzeit: etwa 1 Stunde
Schwierigkeitsgrad: einfach

500 g Kalbsbrust, entbeint

100 g Schinken (*prosciutto*) mit
Fettrand, in Scheiben geschnitten

1 EL fein gehackter frischer Rosmarin

3 frische Salbeiblätter, fein gehackt

2 Knoblauchzehen, fein gehackt

Salz

Frisch gemahlener weißer Pfeffer

60 g Butter

200 ml trockener Weißwein

Etwas heiße Brühe (aus Brühwürfeln)

*Empfohlener Wein: ein trockener
Rotwein (Grignolino d'Asti)*

Die Kalbsbrust vorsichtig auf knapp 1 cm Dicke flachklopfen. Behutsam vorgehen, damit das Gewebe nicht reißt. • Das Fleisch mit den Schinkenscheiben belegen und Rosmarin, Salbei und Knoblauch darauf verteilen. Mit Salz und Pfeffer würzen. • Die Kalbsbrust vorsichtig aufrollen und mit Küchengarn zusammenbinden. Die Außenseite nicht mit Salz würzen. • Die Butter in einem großen Bräter zerlassen und so lange erhitzen, bis sie nicht mehr schäumt. Das Fleisch hineinlegen und bei starker Hitze in 6–7 Minuten braun anbraten. • Etwa 70 ml Wein dazugießen und den Braten zugedeckt bei mittlerer Hitze schmoren. • Den Braten häufig wenden. Sobald die Flüssigkeit stärker eingekocht ist, Wein nachgießen. Ist der Wein aufgebraucht, bei Bedarf noch etwas heiße Brühe zugießen. • Nach 45 Minuten den Herd ausschalten und den Braten noch 6–8 Minuten nachgaren lassen. • Das Küchengarn entfernen und das Fleisch in 1 cm dicke Scheiben schneiden.

Als traditionelle Beilage zu diesem Klassiker serviert man blanchierten, in Butter geschwenkten Blattspinat und Kartoffelpüree.

Vitello tonnato

Kalbfleisch mit Thunfischsauce

Das Öl in einem feuerfesten Bräter sehr heiß werden lassen. Das Fleisch hineinlegen und bei starker Hitze rundum braun anbraten, dabei häufig wenden. • Mit Salz und Pfeffer würzen und mit Wein ablöschen. Lorbeerblatt, Knoblauch und Sellerie hinzufügen • Den Bräter zugedeckt in den vorgeheizten Ofen schieben und den Braten 50 Minuten bei 170 °C (Umluft 150 °C) braten, 2–3 mal wenden. • Den Braten auf eine große Platte legen und abkühlen lassen. • Aus Eigelb, Zitronensaft und Olivenöl eine Mayonnaise zubereiten. • Den Thunfisch, die Sardellenfilets und 1 EL Kapern fein hacken. Die Mischung in die Mayonnaise einrühren. • Mit Salz und Pfeffer abschmecken. • Den abgekühlten Braten in dünne Scheiben schneiden und auf einem sehr großen, flachen Servierteller anrichten. Die Thunfischsauce darüber streichen. • Mit den restlichen Kapern garnieren und vor dem Servieren für mindestens 1 Stunde in den Kühlschrank stellen.

Für 4 Personen
Vorbereitungszeit: 20 Minuten
Garzeit: 50 Minuten
Schwierigkeitsgrad: relativ einfach

3 EL natives Olivenöl extra
625 g Kalbfleisch aus der Oberschale (Nuss)
Salz
Frisch gemahlener weißer Pfeffer
200 ml trockener Weißwein
1 Lorbeerblatt
1 Knoblauchzehe
1/2 Stange Bleichsellerie

Für die Sauce:
2 Eigelb (von Raumtemperatur)
2 EL frisch gepresster Zitronensaft
200 ml natives Olivenöl extra
1 Dose Thunfisch in Olivenöl (200 g)
4–6 Sardellenfilets
2 EL Kapern
Salz
Frisch gemahlener weißer Pfeffer

Empfohlener Wein:
ein trockener Weißwein (Gavi)

Das Gericht vorsichtig mit Klarsichtfolie abdecken (die Folie nicht mit der Sauce in Berührung bringen), wenn es mehrere Stunden im Kühlschrank aufbewahrt werden soll. 1 Stunde vor dem Servieren herausnehmen. *Vitello tonnato* eignet sich auch als Vorspeise.

Die Rotweine des Piemont

Die piemontesischen Rotweine galten lange Zeit als die besten Italiens und wurden zu den großen der Welt gezählt. Barolo, Barbaresco, Gattinara, Barbera, Freisa, Dolcetto, Grignolino und Nebbiolo sind die wichtigsten Namen. Die Herstellung von Weinen mit langer Reifezeit hat in Piemont Tradition. An der Spitze dieser Weine, Klassiker zu besonderen Essen oder festlichen Gelegenheiten, steht der Barolo (einstmals als bester Rotwein Italiens

gerühmt, teilt er sich diesen Titel heute mit dem Toskaner Brunello di Montalcino), der als „König der Weine, Wein der Könige" beschrieben wird. Doch die wenigsten piemontesischen Rotweine müssen den Vergleich mit dem Barolo scheuen: Insbesondere der Barbaresco, der aus der gleichen Rebsorte gekeltert wird, war schon immer sein größter Rivale. Barolo und Barbaresco harmonieren besonders gut mit gebratenem roten Fleisch und reifem Käse.

Barbera, Carema und Ghemme, die auch aus der Nebbiolo-Traube erzeugt werden, reichen nicht ganz an Barolo und Barbaresco heran, sind jedoch von guter Qualität, ebenso wie Dolcetto, Freisa, Grignolino und andere, die je nach Lage und Winzer das Potential für einen hervorragenden Wein haben. Wer diese Weine kauft, wird selten enttäuscht. Dolcetto ist ein fruchtiger, violett schimmernder Wein von tiefem Rubinrot. Er sollte jung mit 16–17 °C getrunken werden. Auch der Grignolino ist am besten, wenn er jung ist. Besondere Qualität verdient eine besondere Erwähnung: Nach mindestens vier Jahren Reifezeit ist der Gattinara von besonderer Qualität. Wie alle großen Rotweine des Piemont wird auch er aus der Nebbiolo-Traube gewonnen. In den letzten Jahren ist dieser Wein in erstaunlichem Maße verbessert worden, sodass er es eines Tages auch mit dem Barolo und Barbaresco aufnehmen könnte. Barbera d'Alba, ein sorgfältig ausgebauter Wein von feinem, duftigem Aroma, passt gut zu Geräuchertem, Gebratenem und ausgereiftem Käse.

Das Piemont ist nicht gerade ein Paradies für Liebhaber trockener Weißweine, obwohl es ein oder zwei ausgesprochen trinkbare Weißweine vorweisen kann. Roero Arneis aus der Gegend von Asti und Gavi oder Cortese di Gavi aus dem westlichen Monferrato bestehen jedoch auch vor Kennern.

Barolo muss mindestens drei Jahre reifen, zwei Jahre davon in Holzfässern. Ein fünfjähriger Barolo erhält das Prädikat „riserva". Ein guter Barolo sollte mindestens zehn Stunden vor dem Genuss entkorkt werden, bei Barbaresco reichen zwei Stunden aus. Im Gegensatz zu anderen Rotweinen gewinnt ein zwei oder drei Tage zuvor entkorkter Barolo oft an Aroma und Geschmack. Beide Weine haben ein feines, volles Aroma und einen leicht violetten Farbton. Im Geschmack sind sie geschmeidig, samtig und eher herb, wobei der Barbaresco der leichtere, der Barolo der vollere von beiden ist. Beide sollten mit 17–18 °C serviert werden und sind genau die richtigen Weine für eine beschauliche Stunde.

Carbonade della Val d'Aosta
Rindergeschnetzeltes nach Aosta Art

Für 4 Personen
Vorbereitungszeit: 15 Minuten
Garzeit: 1 Stunde
Schwierigkeitsgrad: einfach

625 g mageres Rindfleisch
2 EL Mehl
60 g Butter
2 große Zwiebeln, in Ringe geschnitten
400 ml trockener, kräftiger Rotwein
Salz
Frisch gemahlener schwarzer Pfeffer

*Empfohlener Wein: ein trockener,
kräftiger Rotwein (Valle d'Aosta
Chambave Rosso)*

Das Rindfleisch in sehr dünne Scheiben schneiden (sie müssen nicht gleichmäßig geformt sein) und zügig im Mehl wenden. • Die Butter in einem feuerfesten Schmortopf zerlassen. Das Fleisch hineingeben und 2 Minuten bei relativ starker Hitze braun anbraten. • Das Fleisch mit einem Schaumlöffel herausnehmen und beiseite stellen. • Die Zwiebeln in den Topf geben und bei mittlerer Hitze braten, bis sie weich und leicht gebräunt sind. • Das Fleisch wieder dazugeben, unterrühren und mit Salz und Pfeffer würzen. Mit 100 ml Wein ablöschen. Bei schwacher Hitze ohne Deckel 40−45 Minuten köcheln lassen, regelmäßig Wein nachgießen. • Das Geschnetzelte ist fertig, wenn die Zwiebeln sehr weich sind und sich reichlich sämige, dunkle Sauce gebildet hat. • Heiß servieren.

Früher bereitete man *carbonade* aus eingesalzenem Rind zu, doch heute wird nur noch frisches Fleisch verwendet. Dazu serviert man *polenta*, Kartoffelpüree oder Reis harmonieren jedoch ebenso gut.

Puccia

Polenta-Eintopf mit Schweinefleisch und Gemüse

Schweinefleisch, Wirsing, Zwiebel, Möhre und Sellerie in einen feuerfesten Schmortopf geben. Eine Prise Salz und das Wasser hinzufügen. Zugedeckt bei starker Hitze zum Kochen bringen. • Die Hitze reduzieren und das Fleisch mit dem Gemüse 30 Minuten köcheln lassen. • In der Zwischenzeit 1,5 l Wasser in einem großen Topf mit schwerem Boden salzen und zum Kochen bringen. Den Maisgrieß einrieseln lassen, dabei mit einem Schneebesen kräftig rühren, damit sich keine Klümpchen bilden. Unter häufigem Rühren 20–25 Minuten bei schwacher Hitze garen. Die *polenta* sollte sehr weich sein. • Das Fleisch mit dem Gemüse und dem Kochsud unter die *polenta* mischen. • Den Eintopf weitere 20–25 Minuten köcheln lassen. Dabei häufig umrühren und eventuell etwas kochend heißes Wasser zugießen, damit die Polenta feucht und geschmeidig bleibt. • Zuletzt Butter und Parmesan einrühren. Auf vorgewärmte Teller verteilen und sofort servieren.

Für 4 Personen
Vorbereitungszeit: 10 Minuten
Garzeit: etwa 1 Stunde
Schwierigkeitsgrad: einfach

500 g Schweinelende, in 3–4 cm große Würfel geschnitten

625 g Wirsing, in dünne Streifen geschnitten

1 kleine Zwiebel, in dicke Scheiben geschnitten

1 kleine Möhre, in Scheiben geschnitten

1 Stange Bleichsellerie, in kleine Stücke geschnitten

Salz

125 ml kochend heißes Wasser

200 g Maisgrieß

80 g Butter, in Flöckchen

4 EL frisch geriebener Parmesan

Empfohlener Wein: ein trockener, kräftiger Rotwein (Dolcetto d'Alba Superiore)

Der herzhafte Eintopf ist ein typisch bäuerliches Gericht aus der Provinz Alba. Falls wider Erwarten Reste bleiben, den erkalteten und fest gewordenen Eintopf in Scheiben schneiden und in reichlich Olivenöl bei starker Hitze goldbraun und knusprig braten. Kurz abtropfen lassen und sofort servieren.

Giovanni Vialardi: Küchenchef am Königlichen Hof von Savoyen

Giovanni Vialardi war im 19. Jahrhundert Chefkoch des Königshauses Savoyen unter den Königen Karl Albert und Viktor Emanuel II. Der talentierte Koch war sowohl bei italienischen als auch ausländischen Chefköchen in die Lehre gegangen. Seine Kochkunst wurde stark von der österreichischen Küche geprägt: Beide Könige waren mit Österreicherinnen vermählt – Maria Theresia von Lothringen und Maria Adelheid von Österreich. Doch auch Frankreich, wo die wachsende Mittelklasse gerade begann, eine neue und unkompliziertere Form der einstmals außerordentlich aufwendigen und raffinierten französischen Küche zu entwickeln, beeinflusste ihn in hohem Maße.

Vialardis *Abhandlung über das Kochen*

Giovanni Vialardi verfasste eine *Abhandlung über das Kochen*, die 1854 in Turin veröffentlicht wurde. Seine Absicht war es, Unerfahrene darin zu unterweisen, einfache und dennoch exquisite Gerichte, wie sie dem damaligen Geschmack entsprachen, zu kochen. Er empfahl, stets nur frische Zutaten zu verarbeiten und die angegebenen Mengen genau zu beachten, wobei er das neue metrische System verwendete, das 1845 im Königreich Sardinien die bis dahin gebräuchliche Pfundrechnung abgelöst hatte. Am Hof von Savoyen bereitete er neben regionalen Gerichten auch Spezialitäten aus Nizza, Genua und Sardinien zu. Diese Städte gehörten damals alle dem Königreich Sardinien an.

Sein 19 Kapitel zählendes Werk enthält Rezepte, Getränkeempfehlungen und Ratschläge, wie anspruchsvolle Gerichte zu servieren und Bankette zu gestalten seien. Die Kapitel sind nach Art der Lebensmittel und ihrer Zubereitungsweise geordnet. Das Buch beginnt mit Rezepten für Babys und Kinder und setzt sich mit Gerichten für den ersten Gang fort, gefolgt von einem Kapitel über den zweiten Gang, einem eigenen Abschnitt über Fisch und einem weiteren Kapitel über Fleischsorten. Den variierten Gerichten widmete Vialardi besonders viel Platz. In der Romantik wurden sensationelle Fleischgerichte aus kalten Braten, Gelatine, Butter und Gemüse auf den Tisch gebracht.

Giovanni hatte es nicht leicht unter Viktor Emanuel II., der als schroff und wenig umgänglich galt. Er hasste Staatsbankette und die feine Küche. Vielmehr bevorzugte er einfache, nahezu karge Mahlzeiten.

Die letzten drei Kapitel behandeln Desserts und Süßigkeiten, für deren kunstvolle Herstellung Vialardi eine besondere Vorliebe hegte. Auch diese Rezepte entsprechen dem damaligen französischen Zeitgeist und beschreiben die Herstellung spektakulärer, farbenfroher Kompositionen. Diese Desserts, Gebäck- und Konfektarten wurden zubereitet, um die Gäste zu verblüffen. Es gehörte zu den Gepflogenheiten der Renaissance, Essen zu veranstalten, die den Reichtum und die Macht des Gastgebers symbolisierten.

Das Werk endet mit Tipps und Tricks rund um die Themen Küche und Kochen, die der modernen Hausfrau eine vielfältige Auswahl an Ratschlägen geben, z. B. wie Nahrungsmittel vor der Erfindung des Kühlschranks haltbar gemacht werden konnten. Das Buch ist ganz im französischen Stil gehalten und stellt mit seinen exakten und klaren Anweisungen sowie den wunderbaren, unterhaltsamen Zeichnungen und Illustrationen ein für seine Zeit außergewöhnliches Werk dar.

Fagiano al tartufo
Fasan mit Trüffel

Die Bauchhöhle des Fasans mit Salz und Pfeffer würzen, die Wacholderbeeren hineingeben. • Die Brust mit Speck umwickeln und mit Küchengarn befestigen. Keulen und Flügel an den Körper anlegen und mit Küchengarn fixieren, damit der Fasan seine Form behält. • In einem Topf (gerade groß genug für den Fasan) die Butter zerlassen und den Fasan darin 5 Minuten unter häufigem Wenden anbraten. • Zwiebel, Sellerie, Salbei und Rosmarin hinzufügen. Mit dem Wein ablöschen und den Fasan bei schwacher Hitze zugedeckt 40–45 Minuten garen. • Den Fasan herausnehmen und warm halten. • Den Bratensud durch ein Sieb abseihen und zurück in den Topf gießen. Die Sahne hinzufügen und die Sauce 2–3 Minuten köcheln lassen. Mit Salz abschmecken. • Küchengarn, Speck und Wacholderbeeren entfernen und den Fasan in 4 oder mehr Stücke zerteilen. • Die Fasanteile in die Sauce legen, mehrmals darin wenden und nochmals einige Minuten erhitzen. • Das Fleisch auf einer vorgewärmten Servierplatte anrichten. Mit der Sauce übergießen und je nach Geschmack gehobelte Trüffel darübergeben. • Heiß servieren.

Für 4 Personen
Vorbereitungszeit: 15 Minuten
Garzeit: etwa 1 Stunde
Schwierigkeitsgrad: einfach

1 küchenfertiger Fasan

Salz

Frisch gemahlener weißer Pfeffer

4 Wacholderbeeren, leicht zerdrückt

4 Scheiben magerer Speck (*pancetta*)

2 EL Butter

2 EL grob gehackte Zwiebel

1 Stange Bleichsellerie, in kleine Stücke geschnitten

3 frische Salbeiblätter

1 kleiner frischer Rosmarinzweig

150 ml trockener Weißwein

100 ml süße Sahne

1 frische Trüffel, dünn gehobelt

Empfohlener Wein: ein trockener, kräftiger Rotwein (Barbera d'Alba)

Eine wunderbare Ergänzung zu diesem Gericht bildet Risotto Piemonteser Art (s. Rezept S. 44). Mit der Zubereitung des Risottos etwa 30 Minuten vor Ende der Garzeit des Fasans beginnen.

Pollo ai peperoni

Hähnchen mit Paprikagemüse

Für 4 Personen

Vorbereitungszeit: 30 Minuten

Garzeit: 45 Minuten

Schwierigkeitsgrad: einfach

60 g Butter

5 EL natives Olivenöl extra

$^1/_2$ EL fein gehackter frischer Rosmarin

1 küchenfertiges Hähnchen, in 8 Stücke zerteilt

1 Lorbeerblatt

400 ml heiße Hühnerbrühe (selbst zubereitet oder aus Brühwürfeln)

4 grüne oder gelbe Paprikaschoten

6–7 in Öl eingelegte Sardellenfilets, fein zerkleinert

2 Knoblauchzehen, leicht zerdrückt

4 EL Weißweinessig

Salz

Frisch gemahlener schwarzer Pfeffer

*Empfohlener Wein:
ein trockener
Weißwein (Roero
Arneis)*

In einem Topf 30 g Butter mit 1 EL Öl bei mittlerer Hitze zerlassen. Rosmarin hinzufügen und nach 30 Sekunden die Hähnchenteile und das Lorbeerblatt dazugeben. • Bei mittlerer bis starker Hitze das Fleisch 6–8 Minuten rundum anbraten. • Etwa 250 ml Brühe hinzugießen. Zugedeckt 25 Minuten garen, eventuell noch etwas Brühe nachgießen. • In der Zwischenzeit die Paprikaschoten der Länge nach aufschneiden, den Stielansatz, die weißen Scheidewände und Samen entfernen und die Schoten in 2 cm breite Streifen schneiden. • Die restliche Butter in einem Topf zerlassen, die Sardellenfilets hineingeben und mit der Gabel zerdrücken. • Die Paprikastreifen und den Knoblauch hinzufügen und mit etwas Salz und Pfeffer würzen. • Bei mittlerer Hitze 15 Minuten köcheln lassen, nach und nach den Essig darüber träufeln. • Knoblauch und Lorbeerblatt entfernen. • Das Paprikagemüse zu dem Fleisch geben und alles weitere 10 Minuten köcheln lassen. Gelegentlich umrühren und die Hähnchenteile wenden. • Heiß servieren.

Caponet
Gefüllte Zucchiniblüten

Für die Füllung Fleisch, Wurst, Knoblauch, Petersilie, Eier und Parmesan in eine Rührschüssel geben und zu einer glatten Masse vermischen. • Als Alternative diese Zutaten in der Küchenmaschine pürieren. • Mit Salz und Pfeffer abschmecken. • Behutsam die Stempel, Staubgefäße und eventuelle Insekten aus dem Innern der Blüten entfernen. Die Blüten nach Möglichkeit nicht abspülen, damit sie ihre Festigkeit behalten. • Mithilfe eines Teelöffels gerade so viel Füllung in die Blüten geben, dass diese an den Spitzen noch gut zusammengedreht werden können. • Die Butter in einer großen beschichteten Pfanne zerlassen. Sobald sie nicht mehr schäumt, die gefüllten Blüten hineingeben und bei mittlerer Hitze rundum goldbraun braten. • Die Blüten aus der Pfanne nehmen, kurz auf Küchenpapier abtropfen lassen und sofort servieren.

Für 4 Personen
Vorbereitungszeit: 30 Minuten
Garzeit: 5 Minuten
Schwierigkeitsgrad: relativ einfach

200 g gegartes oder gebratenes Fleisch, sehr fein gehackt

125 g gegarte Schweinswurst, fein gehackt

1 große Knoblauchzehe, fein gehackt

1 EL fein gehackte Petersilie

2 Eier

Salz; frisch gemahlener schwarzer Pfeffer

2–3 EL frisch geriebener Parmesan

20 ganz frische Zucchiniblüten

80–100 g Butter

Empfohlener Wein: ein leichter
trockener Weißwein (Cortese dell'Alto
Monferrato)

Eine Spezialität aus Alba und Umgebung. Zucchiniblüten sind nicht überall zu bekommen: Wer Zucchini nicht selbst im Garten zieht, muss sein Glück beim Gemüsehändler oder auf dem Wochenmarkt versuchen.

Verdure

In der Küche des Piemont zählt der Knoblauch zu den beliebtesten Gewürzpflanzen. Die hiesigen Köche schätzen sein ausgeprägtes Aroma und setzen ihn großzügig ein, um einer Fülle von Gerichten eine besondere Note zu verleihen. Favorisierte Gemüsesorten sind Paprikaschoten (die in Carmagnola nahe Turin sogar mit einem eigenen Fest geehrt werden), Spargel, Artischocken, Kardonen (enge Verwandte der Artischocken), Zwiebeln, Tomaten, Zuckererbsen, Bohnen und Spinat. In der traditionellen Küche wurde Gemüse als Beilage oder Vorspeise serviert. Im Zuge eines modernen Lebensstils, zu dem auch eine leichtere Ernährung gehört, wurden Gemüsegerichte stark aufgewertet und kommen heute als Alternative zu Fleischgerichten zu ihrem Recht.

Asparagi alla piemontese
Spargel Piemonteser Art

Die holzigen Enden der Spargelstangen abschneiden, nur den zarten oberen Teil verwenden. • Spargel behutsam abspülen. Etwa 10 Minuten im Dämpfeinsatz garen, bis er durch, aber noch fest ist. Als Alternative den Spargel mit 1 Prise Zucker in gesalzenes kochendes Wasser geben und etwa 6 Minuten garen. • Die Butter in einer großen, beschichteten Pfanne zerlassen und den Spargel hineinlegen, dabei die Spitzen in dieselbe Richtung ausrichten. • Mit etwas Salz und Pfeffer würzen und 6–7 Minuten dünsten. Die Pfanne gelegentlich vorsichtig schwenken, um die Spargelstangen zu wenden und gleichmäßig zu garen. • Den Spargel mit den Käsescheiben bedecken. Zugedeckt weitere 2–3 Minuten erhitzen, bis der Käse geschmolzen ist. • Sofort servieren.

Für 4 Personen
Vorbereitungszeit: 5 Minuten
Garzeit: etwa 20 Minuten
Schwierigkeitsgrad: einfach

1,5 kg mittelgroßer grüner Spargel
Salz
1 Prise Zucker (nach Belieben)
60 g Butter
Frisch gemahlener weißer Pfeffer
125 g Fontina, in sehr dünne Scheiben geschnitten

Empfohlener Wein: ein trockener, fruchtiger Weißwein (Roero Arneis)

Der Spargel aus der Piemonteser Kalksteinregion von Monferrato ist berühmt für seinen intensiven, aber auch feinen Geschmack.

Für 4 Personen
Vorbereitungszeit: 5 Minuten
Garzeit: 20–25 Minuten
Schwierigkeitsgrad: einfach

8 sehr junge Artischocken
2–3 EL Zitronensaft
4 EL Butter
Salz
3 Eigelb
2 EL süße Sahne
3–4 EL kaltes Wasser
1 EL fein gehackte Petersilie (nach Belieben)
Frisch gemahlener weißer Pfeffer

Empfohlener Wein: ein junger trockener Weißwein (Monferrato Bianco Vivace)

Carciofi in fricassea

Artischocken in Ei-Zitronen-Sauce

Die Artischockenstiele abschneiden und die äußeren Blätter entfernen. Mit der Küchenschere die Spitzen der Blütenköpfe abschneiden. • Die Artischocken der Länge nach vierteln und das Heu im Innern (bei sehr jungen Artischocken eventuell noch nicht entwickelt) entfernen. • Die Viertel jeweils in 2–3 dünne Scheiben schneiden und sofort in eine Schüssel mit kaltem Wasser und 1 EL Zitronensaft legen, damit sie sich nicht verfärben. • In einer Pfanne die Butter zerlassen und die gut abgetropften Artischocken hinzugeben. Mit etwas Salz bestreuen und zugedeckt bei mittlerer Hitze dünsten. • Die Artischocken häufig wenden und dabei immer wieder 1–2 EL heißes Wasser dazugießen. • Nach 20 Minuten prüfen, ob die Artischocken gar sind. • Eigelb, Sahne, 3–4 EL kaltes Wasser und Petersilie (nach Belieben) in einer kleinen Schüssel verrühren, mit Salz und Pfeffer würzen. • Den restlichen Zitronensaft über die gegarten Artischocken träufeln und die Hitze reduzieren. • Die Eiermischung über das Gemüse gießen und alles umrühren. Weitere 2 Minuten schwach erhitzen. Dabei sollte die Eiersauce cremig bleiben und leicht andicken, aber auf keinen Fall stocken. • Sofort servieren.

Artischocken aus dem Piemont sind nur eine der vielen Gemüsesorten von außergewöhnlich hoher Qualität, die auf den Feldern der Region im Überfluss gedeihen.

Asparagi allo zabaione
Spargel mit Zabaione

Für 4 Personen
Vorbereitungszeit: 15 Minuten
Garzeit: 25 Minuten
Schwierigkeitsgrad: relativ einfach

1,5 kg mittelgroßer grüner Spargel
1 Prise Zucker (nach Belieben)
4 Eigelb
8 EL trockener Weißwein
2 EL Butter, von Raumtemperatur
Salz

Empfohlener Wein: ein leichter
trockener Weißwein (Langhe Arneis)

Die dicken, holzigen Enden der Spargelstangen abschneiden, sodass etwa 4 cm lange helle Enden unter den grünen Spargelspitzen übrig bleiben. Den Spargel vorsichtig mit einem scharfen Messer von Schmutz befreien und unter fließendem kalten Wasser abspülen. • Im Dämpfeinsatz den Spargel dämpfen, bis er gar, aber nicht weich ist. Als Alternative den Spargel mit 1 Prise Zucker in gesalzenes kochendes Wasser legen und 6–8 Minuten garen. Die Garzeit variiert je nach Frische und Dicke der Spargelstangen. • In der Zwischenzeit aus Eigelb, Wein, Butter und Salz eine *Zabaione* zubereiten (s. Rezept S. 103). • Die Sauce über die Spargelspitzen verteilen. Sehr heiß servieren.

Taccole alla panna

Zuckererbsen mit Sahne

Die Zuckererbsen abspülen und, falls nötig, abfädeln. Dafür Spitze und Stielansatz der Hülsen abschneiden und jeweils auf einer Seite den Faden abziehen. • Wasser in einem Topf salzen und zum Kochen bringen. Zuckererbsen hineingeben und 8–10 Minuten garen. • 2 Minuten, bevor die Erbsen gar sind, die Butter in einem kleinen Topf zerlassen und so lange erhitzen, bis sie eine goldbraune Farbe annimmt. • Die Zuckerschoten abtropfen lassen, in eine vorgewärmte Servierschüssel geben und sofort mit der Crème double übergießen. Mit dem geriebenen Parmesan bestreuen, die heiße Butter darüber träufeln. Sofort servieren.

Für 4 Personen
Vorbereitungszeit: 2 Minuten
Garzeit: 8–10 Minuten
Schwierigkeitsgrad: einfach

500 g Zuckererbsen
Salz
60 g Butter
100 g Crème double
60 g Parmesan, frisch gerieben

Empfohlener Wein: ein trockener Rosé
(Mosaico)

Zuckererbsen sind so zart, dass sie mitsamt der Schote gegessen werden können. Als Ersatz können auch sehr junge frische Gartenerbsen mit Schote dienen.

Cipolle ripiene
Gefüllte Zwiebeln

Die Zwiebeln schälen. In einem Topf Wasser mit Salz zum Kochen bringen und die Zwiebeln darin 10–15 Minuten garen. • Abtropfen lassen und zum Abkühlen beiseite stellen. • Die Zwiebeln quer durchschneiden und so weit aushöhlen, dass ein halbes Ei hineinpassen würde. • Das Innere der Zwiebel fein hacken. • Die Wurstmasse mit dem Hackfleisch vermischen. In einer Pfanne 1 EL Butter zerlassen. Die Fleischmischung dazugeben und 6–7 Minuten braten, dann in eine Rührschüssel geben. • Gehackte Zwiebel, geriebenen Parmesan, Ei, Pfirsichbrand, Salz und Pfeffer hinzufügen und alles gründlich vermischen. • Die ausgehöhlten Zwiebeln großzügig mit dieser Masse füllen. • Die gefüllten Zwiebeln nebeneinander in eine mit Butter gefettete feuerfeste Form setzen. Mit Semmelbröseln bestreuen und die restliche Butter in Flöckchen auf die Zwiebeln verteilen. 3–4 EL kochend heiße Brühe oder heißes Wasser in die Form gießen. • Im vorgeheizten Ofen bei 170 °C (Umluft 150 °C) 40–45 Minuten garen. Bei Bedarf noch etwas Flüssigkeit nachgießen, damit die Zwiebeln nicht am Boden haften. • Heiß oder von Raumtemperatur servieren.

Für 4 Personen
Vorbereitungszeit: 30 Minuten
Garzeit: etwa 1 Stunde
Schwierigkeitsgrad: einfach

6 mittelgroße Gemüsezwiebeln
Salz
60 g frische italienische Wurstmasse
200 g Hackfleisch vom Kalb oder Rind
70 g Butter
100 g Parmesan, frisch gerieben
1 großes Ei
1 EL Pfirsichbrand
Frisch gemahlener weißer Pfeffer
3 EL feine Semmelbrösel
Etwas kochend heiße Gemüse- oder Fleischbrühe (selbst zubereitet oder aus Brühwürfeln) oder heißes Wasser

Empfohlener Wein: ein leicht perlender Rotwein, halbtrocken oder trocken (Barbera del Monferrato Frizzante oder Barbera del Monferrato Vivace)

Wer ein leicht süßes Aroma mag, kann der Füllung auch einige zerbröselte Amaretti (Mandelmakronen) beigeben.

Spinaci alla piemontese

Spinat Piemonteser Art

Für 4 Personen
Vorbereitungszeit: 10 Minuten
Garzeit: 6–7 Minuten
Schwierigkeitsgrad: einfach

1 kg frischer Spinat
60 g Butter
2 Sardellenfilets
½ Knoblauchzehe, fein gehackt
Salz
Frisch gemahlener weißer Pfeffer
Weißbrotscheiben mit fester Krume, in
Olivenöl gebacken

Empfohlener Wein: ein leichter trockener
Weißwein (Cortese di Gavi)

Den Spinat gründlich waschen und 2–3 Minuten in einem Topf mit gesalzenem kochendem Wasser zugedeckt garen. • Etwas abkühlen lassen, danach gut ausdrücken und grob hacken. • In einem Topf die Butter zerlassen, die Sardellen und den Knoblauch hineingeben. Die Sardellen mit dem Rücken eines Kochlöffels zerdrücken. Bei schwacher Hitze braten. • Den Spinat zufügen und mit Salz und Pfeffer abschmecken. • Unter häufigem Rühren 6–7 Minuten bei schwacher Hitze dünsten. • Auf einer vorgewärmten Servierplatte anrichten und die gerösteten Brotscheiben rundum verteilen.

Knusprig gebackene Brotscheiben sind die ideale Ergänzung zu dem feinen Sardellen-Knoblauch-Aroma des Spinats.

Taccole in salsa del povr'om

Zuckererbsen mit Arme-Leute-Sauce

Die Arme-Leute-Sauce wie auf S. 18 beschrieben zubereiten. • Die Zuckererbsen abspülen und 10 Minuten in gesalzenem Wasser garen. • Abtropfen lassen und auf einem vorgewärmten Servierteller anrichten. • Mit der Arme-Leute-Sauce übergießen und sofort servieren.

Für 4 Personen
Vorbereitungszeit: 10 Minuten
Garzeit: 6–7 Minuten
Schwierigkeitsgrad: einfach

500 g Zuckererbsen
1 Portion Arme-Leute-Sauce (s. Rezept S. 18)

Empfohlener Wein: ein junger trockener Weißwein, leicht perlend (Cortese di Gavi Frizzante)

Für 4 Personen
Vorbereitungszeit: 30 Minuten
Garzeit: 25–30 Minuten
Schwierigkeitsgrad: einfach

8 mittelgroße Tomaten
2 Eier
Feine Semmelbrösel
3 EL Butter, zusätzlich Butter für die
Form

Für die Füllung:
1 EL sehr fein gehackte Zwiebel
2 EL Butter
180 g italienischer Risottoreis
(Arborio)
250 g kochend heiße Gemüsebrühe
(selbst zubereitet oder aus Brühwürfeln)
60 g Parmesan, frisch gerieben
Salz
Frisch gemahlener schwarzer Pfeffer

*Empfohlener Wein: ein trockener
Rotwein (Grignolino d'Asti)*

Pomodori alla novarese
Gefüllte Tomaten

Die Tomaten waschen, trockentupfen und am Stielansatz einen 1 cm dicken Deckel herausschneiden. Die Deckel beiseite legen. • Die Tomaten aushöhlen, Samen und Scheidewände entfernen. • Für die Füllung die Zwiebeln bei schwacher Hitze in der Butter braten, bis sie glasig sind. • Den Reis hinzufügen und unter Rühren 2–3 Minuten mitbraten. • 125 ml der Brühe dazugießen und bei mittlerer Hitze garen, bis die Flüssigkeit eingesogen worden ist. Dabei ständig rühren. • Nach und nach die restliche Brühe zugießen und bei mittlerer bis schwacher Hitze unter häufigem Rühren weitergaren. Nach 15 Minuten Garzeit sollte der Reis weich, aber noch bissfest und nicht so feucht wie bei normalem Risotto sein. Den Herd ausschalten und den Parmesan unter den Reis mischen. Mit Salz und Pfeffer würzen. • Die Tomaten mit dem Risotto füllen und die herausgeschnittenen Deckel daraufsetzen. • Die Eier in einer Schüssel leicht verschlagen und die gefüllten Tomaten vorsichtig hineintauchen. In Semmelbröseln wenden. • Eine flache feuerfeste Form, die gerade groß genug für die Tomaten ist, mit Butter einfetten. Die Tomaten nebeneinander in die Form setzen und die Butter in Flöckchen darüber verteilen. • Im vorgeheizten Backofen bei 190–220 °C (Umluft 170–200 °C) 25–30 Minuten backen. • Heiß oder von Raumtemperatur servieren.

Bei der Zubereitung von Risotto oder Reis einfach eine größere Portion garen, dann ist die Füllung für dieses klassische Rezept schnell fertig.

Fagiolata
Bohneneintopf

Bohnen, Schweineschwarte und Zwiebel in einem feuerfesten Bräter oder einem Topf mit schwerem Boden mit kaltem Wasser bedecken. • Zum Kochen bringen und bei schwacher Hitze 1½ Stunden köcheln lassen. Ab und zu umrühren. • Einen Großteil der Flüssigkeit einkochen lassen, aber darauf achten, dass die Bohnen feucht bleiben. Bei Bedarf etwas kochend heißes Wasser nachgießen. • Tomatenmark, Olivenöl, Rosmarin und Gewürznelken hinzufügen und mit Salz und Pfeffer abschmecken. Bei schwacher Hitze weitere 30 Minuten garen.

Für 4 Personen
Vorbereitungszeit: 15 Minuten
Garzeit: 2 Stunden
Schwierigkeitsgrad: einfach

500–750 g frische Borlotti-Bohnen, aus den Schoten gelöst
350 g frische Schweineschwarte, in 2½ cm große Stücke geschnitten
1 große Zwiebel, in Scheiben geschnitten
1–2 EL Tomatenmark
4–5 EL natives Olivenöl extra
2 gestrichene EL gehackter frischer Rosmarin
2 Gewürznelken
Salz
Frisch gemahlener schwarzer Pfeffer

Empfohlener Wein: ein trockener Rotwein (Nebbiolo)

Was einst ein einfaches Bauernessen zur Winterzeit war, schmeckt heute auch den wohlhabenderen Piemontesen. Bohneneintopf wird häufig mit *polenta* und *cotechino* auf den Tisch gebracht. Als Variante kann man 30 Minuten, bevor die Bohnen gar sind, in Streifen geschnittenen Wirsing hinzufügen Sind Borlotti-Bohnen nicht frisch erhältlich, können sie durch 300 g getrocknete Borlotti-Bohnen ersetzt werden, die 8–10 Stunden in kaltem Wasser eingeweicht werden.

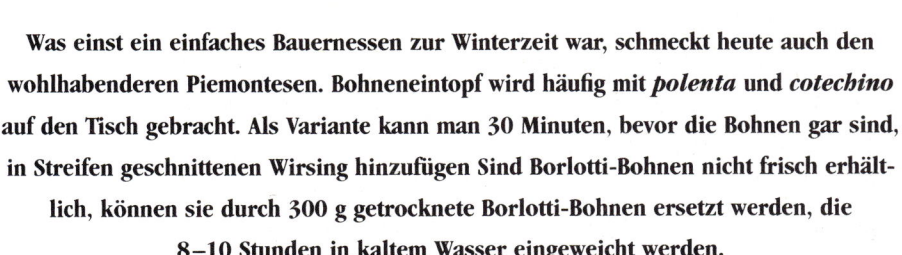

Dolci

Kaum eine Region Italiens kann sich einer solchen, nahezu unerschöpflichen Vielfalt an Desserts, Kuchen, Gebäck, Schokolade und Süßigkeiten rühmen wie das Piemont und das Aostatal. Im Herbst liefern die ausgedehnten Waldgebiete frische Haselnüsse und Maronen, die höchst fantasievoll mit Zucker, Gewürzen und verschiedenen eigenen und importierten Erzeugnissen in süße Köstlichkeiten verwandelt werden. Das Spektrum reicht von einfachen gekochten Cremes und Saucen bis hin zu Gaumenfreuden wie *Torta Gianduja* (Piemonteser Schokoladenkuchen) und *Coppa Torino* (Schichtdessert mit Maronen). Überdies wird in Turin, der Hauptstadt der Region, die beste Schokolade in ganz Italien produziert. Viele kleinere Städte können mit einer langen Tradition der Gebäckherstellung aufwarten.

Ciliege al Barolo
Rotweinkirschen

Die Kirschen zusammen mit Zucker, Wein, Zimt und Orangenschale in einen Topf geben. Ohne Deckel 25–30 Minuten schwach erhitzen. Ab und zu sehr vorsichtig umrühren, damit die Kirschen nicht zerdrückt werden. • Die Kirschen mit dem Schaumlöffel herausnehmen, kurz über dem Topf abtropfen lassen und auf eine Servierplatte geben. • Die Zimtstange wegwerfen. • Das Johannisbeergelee zu dem Weinsirup geben. Bei schwacher Hitze einkochen lassen und den Sirup über die Kirschen gießen. • Die Kirschen können noch warm verzehrt werden, kalt mit frisch geschlagener Sahne schmecken sie jedoch noch besser.

Für 4 Personen

Vorbereitungszeit: 10 Minuten

Garzeit: 30 Minuten

Schwierigkeitsgrad: einfach

750 g Kirschen, entsteint

250 g Zucker

500 ml kräftiger trockener Rotwein (vorzugsweise Barolo)

1 Zimtstange, etwa 3 cm lang

2–3 Stücke unbehandelte Orangenschale, in sehr dünne, kurze Streifen geschnitten

2 EL Gelee von roten Johannisbeeren

Empfohlener Wein: ein süßer, leicht perlender Rotwein (Brachetto d'Acqui)

Wein spielt in der Küche des Piemont eine wichtige Rolle und geht mit Früchten eine besonders gelungene Verbindung ein. In den meisten Rezepten wird Barolo verlangt, der aber auch durch andere Rotweine guter Qualität ersetzt werden kann.

Mont Blanc

Maronenpüree mit Rum

Die Maronen in eine Schüssel geben, mit Rum beträufeln und 20–30 Minuten einweichen lassen. • Die mit Rum durchtränkten Maronen durch einen Fleischwolf mit grobem Einsatz drehen. Den Fleischwolf mit einem feineren Einsatz versehen und die grob zerkleinerten Maronen nochmals durchdrehen, sodass spaghettiartige Stränge entstehen. Dabei das Maronenpüree in einem kleinen Hügel direkt auf eine Servierplatte fallen lassen. • Mit Schlagsahne überziehen und nach Belieben glattstreichen. • Vor dem Servieren für 2 Stunden kalt stellen oder von Raumtemperatur reichen.

Variation: Einen besonders kunstvollen Effekt erhält dieses Dessert, wenn es mit Karamellfäden verziert wird: Dafür 80 g extra feinen Zucker mit 1 EL Wasser und 8–10 Tropfen Zitronensaft in einen kleinen Topf geben. Den Zucker bei schwacher Hitze schmelzen und goldbraun karamelisieren lassen. • Den Topf vom Herd nehmen. Mit einem Esslöffel den Karamell in spiralförmigen Fäden auf das Maronenpüree träufeln, die ruhig asymmetrisch sein können. Mit einigen vertikalen Fäden wird das Dessert in einen „goldenen Karamellkäfig" eingeschlossen. • Die Schlagsahne separat dazu reichen.

Für 4 Personen
Vorbereitungszeit: 15 Minuten +
20–30 Minuten Einweichzeit
Schwierigkeitsgrad: einfach

400 g kandierte Maronen
6 EL Rum
350 ml Schlagsahne (ungesüßt)

Empfohlener Wein: ein leichter, junger Rotwein, halbtrocken (Malvasia di Castelnuovo Don Bosco Frizzante)

Im Originalrezept werden die Maronen geschält, gekocht und enthäutet: eine langwierige, mühselige Prozedur. Mit kandierten Maronen erzielt man jedoch ein ebenso gutes Ergebnis. Kandierte oder eingelegte Maronen sind in gut sortierten Lebensmittelgeschäften oder im Delikatessenhandel erhältlich.

101

Panna cotta
Feine Sahnecreme

Für 4 Personen

Vorbereitungszeit: 5 Minuten +
2 Stunden Kühlzeit

Garzeit: 8–10 Minuten

Schwierigkeitsgrad: einfach

500 ml Crème double

150 ml Vollmilch

100 g Zucker

2 TL Vanille-Essenz

2–3 EL Pfirsichbrand

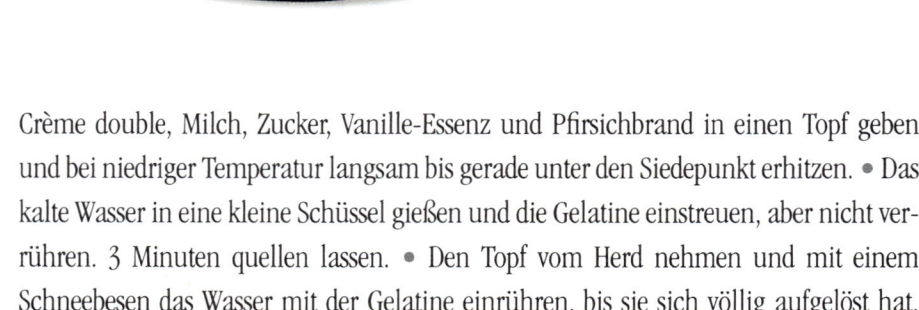

50 ml kaltes Wasser

1 gehäufter EL gemahlene Gelatine

Empfohlener Wein: ein süßer Weißwein
(Moscato d'Asti)

Um das Aroma von *Panna cotta* zu variieren, den Pfirsichbrand durch die gleiche Menge Rum oder sehr starken Kaffee ersetzen oder statt Vanilleessenz eine Messerspitze gemahlenen Zimt hinzufügen. In Italien reicht man dazu oft 1 EL gemischtes Beerenkompott mit etwas Wasser verdünnt.

Crème double, Milch, Zucker, Vanille-Essenz und Pfirsichbrand in einen Topf geben und bei niedriger Temperatur langsam bis gerade unter den Siedepunkt erhitzen. • Das kalte Wasser in eine kleine Schüssel gießen und die Gelatine einstreuen, aber nicht verrühren. 3 Minuten quellen lassen. • Den Topf vom Herd nehmen und mit einem Schneebesen das Wasser mit der Gelatine einrühren, bis sie sich völlig aufgelöst hat. • Die Creme in kleine Förmchen oder Dessertschüsseln füllen und abkühlen lassen. • Vor dem Servieren mindestens 2 Stunden im Kühlschrank fest werden lassen.

Zabaione
Zabaione

Eigelb und Zucker in einer hitzebeständigen Schüssel mit einem Schneebesen oder dem Handrührgerät sehr schaumig schlagen. • Den Marsala unter ständigem Rühren nach und nach dazugießen. • Die Schüssel auf einen Topf mit schwach kochendem Wasser stellen (die Schüssel darf das Wasser nicht berühren). Die Mischung so lange schlagen, bis sie langsam dickflüssig wird und sich ihr Volumen vergrößert. Die fertige Zabaione sollte nahezu steif sein. Sofort in Dessertschüsseln füllen. Zabaione passt noch warm zu Gebäck oder kalt zu gemischten Beeren. • Unter kalte Zabaione kann man außerdem 250 ml geschlagene, ungesüßte Sahne heben: Die Masse in Dessertschüsseln füllen und mindestens für 1 Stunde in den Kühlschrank stellen. Mit grob gehackten Walnüssen bestreuen und gedämpfte Pfirsiche dazu reichen.

Für 4 Personen
Vorbereitungszeit: 6–8 Minuten
Garzeit: 4–6 Minuten
Schwierigkeitsgrad: relativ einfach

4 Eigelb
8 EL Zucker
8 EL trockener Marsala

Empfohlener Wein: ein süßer Dessertwein (Moscadile)

Früher wurde die benötigte Menge an Zucker und Marsala in Eierschalen als Maßeinheit angegeben. Was heute merkwürdig anmutet, hatte den praktischen Zweck, unabhängig von der Größe der Eier für ein ausgeglichenes Verhältnis der Zutaten zu sorgen. Ob als Kuchenfüllung, Sauce zu Puddings oder Grundlage für feine Eiscreme, Zabaione ist ausgesprochen vielseitig.

Schokolade, Gebäck und Desserts

Die enorme Vielfalt an Gebäck, Kuchen, Desserts und Schokoladenspezialitäten, die die piemontesische Küche bietet, ist zum großen Teil den Köchen der Herzöge von Savoyen zu verdanken. Mit immer neuem und köstlicherem Naschwerk übertrafen sie sich unermüdlich selbst, um die Gaumen ihrer Adelsherren zu kitzeln. Die Erfindung der Zabaione wird dem Leibkoch von Karl Emanuel I., Herzog von Savoyen, zugeschrieben, der mit dieser exquisiten Mischung aus Eiern, süßem Marsala, Zucker und Zimt angeblich den kränklichen Herzog stärken wollte. Die auffallende gebogene Form der *krumiri*-Plätzchen, die in Piemont unter den unterschiedlichsten Namen angeboten werden, soll dem Schnurrbart des Königs Viktor Emanuel nachempfunden sein! Die Amaretti, kleine Mandelmakronen, sind das Werk des savoyischen Kochs Francesco Moriondo, der 1750 als erster Mandeln, Zucker und Eiweiß zu diesen kleinen, luftigen Köstlichkeiten verarbeitet hat.

APRIKOSENTASCHEN

250 ml Weißwein

60 g brauner Zucker

2 EL Honig

1 TL Zimt

12 Aprikosen

10 Amaretti (Mandelmakronen), zerbröselt
(ersatzweise Makronen)

Je 2 EL Pinienkerne und Rosinen

In einem Topf Weißwein, Zucker, Honig und Zimt bei starker Hitze zu einem Sirup einkochen lassen. • Aus Backpapier 6 Quadrate schneiden. Je 2 entsteinte, halbierte Aprikosen auf ein Quadrat legen, etwas Sirup darüber träufeln, mit den zerstoßenen Amaretti bestreuen und mit Pinienkernen und Rosinen garnieren. • Die Quadrate zu Taschen zusammenbinden und die Aprikosen 15 Minuten im vorgeheizten Ofen bei 200 °C (Umluft 180 °C) backen. Heiß oder warm servieren.

Getreu dem Sprichwort „Not macht erfinderisch" ist auch die berühmte Gianduiotto-Schokolade einer Notlage zu verdanken. Als während der Napoleonischen Kriege die Vorräte an Kakao zu schwinden drohten, beschlossen die Turiner Zuckerbäcker, ihre zusehends kargeren Kakaobestände mit fein gemahlenen Haselnüssen zu strecken. Die erste historisch verbürgte Gianduiotto- oder Gianduja-Schokolade, benannt nach einer traditionellen Maske des piemontesischen Theaters, wurde 1865 hergestellt. Heute exportiert man das köstliche Konfekt in die ganze Welt.

Nutella, die himmlische Creme aus Schokolade und Haselnüssen: noch eine piemontesische Erfindung, die Weltruhm erlangt hat.

SCHOKOLADENTRÜFFELN
ergibt 30 Trüffeln

60 g Butter
60 g Puderzucker
2 Eigelb
100 ml süße Sahne
2 EL Vanillezucker
300 g Halbbitterschokolade, geraspelt
4 EL Kakaopulver

Butter und Puderzucker schaumig rühren, dann die Eigelbe einzeln unterschlagen. • Die Sahne aufkochen, dann den Vanillezucker einrühren, bis er sich auflost. Die kochend heiße Sahne zur Buttermischung geben, die Schokolade einrühren. Die Masse für mindestens 2 Stunden in den Kühlschrank stellen. • Mit einem Esslöffel Kugeln formen und in Kakaopulver wälzen. • Im Kühlschrank aufbewahren.

Crostata di pere
Birnenkuchen

Für 4 Personen

*Vorbereitungszeit: 30 Minuten +
1 Stunde Ruhezeit für den Teig
Backzeit: 40 Minuten
Schwierigkeitsgrad: relativ einfach*

Für die Füllung:

1 kg feste Birnen

75 g Zucker

300 ml Rotwein sehr guter Qualität

1 Prise gemahlener Zimt

2 EL ungesüßtes Kakaopulver

10 Amaretti (italienische Mandelmakronen), zerstoßen

Für den Teig:

250 g Mehl

100 g sehr feines Maismehl

125 g feiner Zucker

1 Prise Salz

150 g Butter, von Raumtemperatur,
in Flöckchen

3 Eigelb

*Empfohlener Wein: ein süßer Weißwein
(Moscato di Strevi Banfi)*

**Traditionell wird für dieses Dessert eine
bestimmte Birnensorte, die kleine
Piemonteser „Martin Sech" oder
„Martine" verwendet, geeignet ist
aber jede feste Birne.**

Die Birnen längs vierteln, schälen und von den Kerngehäusen befreien. Die Birnenviertel wiederum längs in jeweils 3 Spalten schneiden. • Die Birnenspalten in einen Topf geben, der gerade groß genug ist, sie aufzunehmen. Zucker, Wein und Zimt hinzufügen und bei schwacher Hitze 10 Minuten pochieren. • Die Flüssigkeit abgießen, die Birnen mit dem Kakaopulver bestreuen und abkühlen lassen. • Für den Teig die zwei Mehlsorten sowie Zucker und Salz in einer Schüssel gründlich vermischen. • Die Butter mit einer Gabel unter das Mehl arbeiten, dann das Eigelb hinzufügen. Alle Zutaten schnell zu einer fein krümeligen Masse verarbeiten und zu einer weichen, auf keinen Fall elastischen Kugel formen (nicht kneten). • Mit zwei Dritteln des Teigs den Boden und zwei Drittel des Rands einer ungefetteten Springform von (Durchmesser 20 cm) auskleiden. Dafür den Teig in die Form geben und mit den Händen nach und nach gleichmäßig verteilen. • Für 1 Stunde in den Kühlschrank stellen. • Den restlichen Teig in Klarsichtfolie einwickeln und kühl, jedoch nicht im Kühlschrank lagern, damit der Teig noch ausgerollt werden kann. • Die Springform aus dem Kühlschrank nehmen. Den Teigboden gleichmäßig mit den Amaretti ausstreuen und mit den Birnenspalten belegen. • Das restliche Teigstück zu einer runden Teigplatte mit etwas größerem Durchmesser als die Form ausrollen. Die Teigplatte auf die Birnen legen und die Teigränder zusammendrücken. Mit einem dünnen Spieß einige Löcher einstechen. • Im vorgeheizten Ofen bei 200 °C (Umluft 180 °C) 40 Minuten backen. • Den fertigen Birnenkuchen etwas abkühlen lassen, dann auf eine Kuchenplatte setzen. Vor dem Servieren völlig auskühlen lassen.

Für 4–6 Personen

Vorbereitungszeit: 20 Minuten

Garzeit: 1 Stunde

Schwierigkeitsgrad: relativ einfach

250 g Zucker

½ TL frisch gepresster Zitronensaft

2 EL kaltes Wasser

½ l Vollmilch

6 Eier

2–3 EL ungesüßtes Kakaopulver

60 g Amaretti (italienische Mandelmakronen), fein zerstoßen

3 EL Rum

Empfohlener Wein: ein süßer weißer Dessertwein (Malvasia di Nus)

Bonet

Piemonteser Schokoladenflan

In einem kleinen Topf 125 g Zucker mit dem Zitronensaft und dem Wasser bei mittlerer Temperatur erhitzen. • Sobald der Zucker zu karamelisieren beginnt, diesen in eine vorgewärmte Ringform (2 Liter Fassungsvermögen oder etwas weniger) gießen. Die Form leicht schwenken, damit sich der Karamell gleichmäßig verteilt, ehe er hart wird. Beiseite stellen. • Die Milch lauwarm erhitzen. • Die Eier und den restlichen Zucker mit einem Schneebesen oder dem Handrührgerät verquirlen. Das Kakaopulver unterrühren. • Die warme Milch einrühren, dann die Amaretti und den Rum hinzufügen. • Die Mischung in die mit Karamell ausgegossene Ringform füllen. Die Form mit Alufolie abdecken und 1 Stunde oder bis der Flan fest geworden ist, im Wasserbad im vorgeheizten Ofen bei 150 °C (Umluft 130 °C) garen. • Aus dem Ofen nehmen und 15–20 Minuten abkühlen lassen. Den Flan vorsichtig auf einen Teller stürzen. • Von Raumtemperatur servieren oder zuvor für einige Stunden in den Kühlschrank stellen.

Für eine ebenso ungewöhnliche wie interessante Abwandlung dieses Rezepts ersetzt man den Rum durch eine etwas kleinere Menge Fernet Branca und fügt 2–3 EL starken Kaffee hinzu.

Pere al Barolo

Birnen in Rotwein

Für 4 Personen

Vorbereitungszeit: 10 Minuten

Garzeit: etwa 1 Stunde

Schwierigkeitsgrad: einfach

8 kleine Birnen (zum Beispiel „Martin Sech" oder „Martine") oder 4 große, feste Birnen

250 g Zucker

750 ml kräftiger, trockener Rotwein (vorzugsweise Barolo)

3 Gewürznelken

2 Stück unbehandelte Zitronenschale

1 Zimtstange, 2 cm lang (nach Belieben)

Empfohlener Wein: ein süßer, aromatischer Rosé (Malvasia di Casorzo d'Asti Rosato)

Die Birnen vorsichtig schälen, Stiel nicht entfernen. • In eine tiefe, feuerfeste Form stellen, in die die Früchte genau hineinpassen. Mit 125 g Zucker bestreuen. Den Wein dazugießen, Gewürznelken, Zitronenschale und nach Belieben die Zimtstange hinzufügen. • In den vorgewärmten Ofen schieben und in etwa 1 Stunde bei 180 °C (Umluft 160 °C) weich garen. Die Garzeit hängt von der Festigkeit der Birnen ab. • Zur Garprobe ein Spießchen in die Birnen stechen. Sie sollten weich sein und eine intensive rote Farbe angenommen haben. • Die Früchte vorsichtig aus dem Wein nehmen und aufrecht auf einen Servierteller oder in einzelne Dessertschüsseln setzen. • Die Garflüssigkeit bei mittlerer Hitze einkochen lassen, bis sie eine sirupartige Konsistenz bekommen hat. Gewürznelken, Zitronenschale und Zimtstange entfernen und den Weinsirup über die Birnen gießen. • Abkühlen lassen und servieren.

Die rostroten Birnensorten „Martin Sech" oder „Martine" sind für dieses Rezept besonders gut geeignet, aber nur noch selten erhältlich und werden eines Tages vielleicht gar nicht mehr angebaut. Die Zubereitung gelingt aber auch mit jeder anderen festen Birne.

Pesche ripiene
Gefüllte Pfirsiche

Die Pfirsiche waschen, trockentupfen und halbieren. Die Steine herauslösen und beiseite legen. • Die Pfirsiche mit einem Kugelausstecher oder einem Teelöffel bis auf eine etwa ½ cm dicke Wand aushöhlen. Das Fruchtfleisch in eine realtiv große Schüssel geben und mit einer Gabel zerdrücken. • Die geschälten Mandeln mit 50 g Zucker in der Küchenmaschine mahlen. • Die Mandelmischung mit dem Fruchtfleisch verrühren. Kakaopulver, Ei und Amaretti gründlich vermischen und so viel Wein unterrühren, dass eine geschmeidige Creme entsteht. • Die ausgehöhlten Pfirsiche großzügig mit der Masse füllen. • Die Pfirsiche nebeneinander in eine mit Butter gefettete, feuerfeste Form setzen, in die die Pfirsiche genau hineinpassen. • Die Pfirsichsteine knacken und die Kerne herausnehmen. Die größten, kräftigsten Kerne auswählen und 1 Minute in kochendem Wasser blanchieren. Die Haut abziehen, die zwei Hälften des Kerns trennen und jeweils in die Füllung eines Pfirsichs stecken. • Butterflöckchen auf die Pfirsiche setzen und den restlichen Zucker darüber streuen. • Den restlichen Wein in die Form gießen. Die Pfirsiche im vorgeheizten Ofen 35–40 Minuten bei 180 °C (Umluft 160 °C) backen.

Für 4 Personen
Vorbereitungszeit: 20–25 Minuten
Backzeit: 35–40 Minuten
Schwierigkeitsgrad: einfach

4 große, reife Pfirsiche
100 g extra feiner oder normaler Zucker
2 EL geschälte Mandeln
1 EL ungesüßtes Kakaopulver
1 Ei
10 Amaretti (italienische Mandelmakronen), fein zerstoßen
300 ml Moscato (weißer Dessertwein)
2½ EL Butter, in Flöckchen

Empfohlener Wein: ein süßer Dessertwein (Malvasia di Nus)

Die Amaretti mit ihrem unverwechselbaren Aroma verleihen diesem typisch piemontesischen Dessert das gewisse Etwas. So wunderbar die Pfirsiche warm schmecken – auf Raumtemperatur abgekühlt sind sie noch besser.

Die Schaumweine des Piemont

Innerhalb Italiens ist Piemont unübertroffen in Vielfalt und Auswahl an Schaumweinen. Ob süß, halbtrocken oder trocken – Piemont produziert Schaumweine für jeden Geschmack und jeden Anlass. Auch wenn bereits Karl Albert, König von Piemont und Sardinien, den Wunsch äußerte, „italienischen Champagner" zu trinken – die erste Flasche spumante kam erst 50 Jahre nach seinem Tod auf den Markt. Der piemontesische Schaumwein aus der Moscato-Traube

wird nach einer Methode namens *charmat* hergestellt: Der Wein gärt in Tanks oder Flaschen, um so die besondere Harmonie aus Aroma und Kohlensäure zu entwickeln, für die die *spumanti* berühmt sind. Dieses Verfahren ist bedeutend preiswerter als die *Méthode champenoise*, mit der in Frankreich Champagner erzeugt wird. Die Produktion dieser spritzigen italienischen Schaumweine ist dank der Nachfrage im In- und Ausland in den letzten Jahre sprunghaft gestiegen.

Asti spumante wird jung getrunken. Die ersten Korken können bereits wenige Monate nach der Ernte im Herbst knallen. Man serviert ihn in flachen Schalen, in denen sich sein intensives Aroma entfalten kann, oder in schmalen Flöten, in denen er lange perlt. Spumante passt zu jeder Art von Dessert und hat einen so geringen Alkoholgehalt, dass Kinder ruhig daran nippen dürfen. Das Herstellungsjahr ist selten angegeben, er sollte also nur bei Händlern gekauft werden, die seine Frische garantieren.

Für den Asti spumante werden die Trauben sanft zerdrückt. Dann wird der Traubenmost geklärt, gefiltert und in die Lagertanks gefüllt. Von der Gärung bis zum Verkorken vergehen nicht mehr als sechs Wochen. Die Lagertanks werden oft bis gerade über dem Gefrierpunkt heruntergekühlt, um die Gärung aufzuhalten. So herrscht zu Weihnachten, wenn der Bedarf am größten ist, kein Mangel an jungem „spumante". Nach Möglichkeit wird er unmittelbar nach dem Verkorken versandt.

Piemont ist reich an Kunstschätzen und historischen Stätten: ein ideales Ziel für eine beschauliche kulinarische Reise, das sich noch völlig unverbraucht vom Massentourismus präsentiert. Casale Monferrato (unten links auf der vorigen Seite) und Asti (oben) sind nur zwei der vielen attraktiven Orte, die einen Besuch lohnen.

Moscato d'Asti, ein lieblicher Dessertwein aus der Moscato-Traube, ist einer der traditionsreichen Weine des Piemont. Schon zur Zeit der Römer wurde er hier gekeltert. Jung ist er am besten und sollte innerhalb von zwei Jahren getrunken werden. Er wird hauptsächlich von kleinen Winzern aus der Gegend um Asti, Alessandria und Cuneo hergestellt. Es gibt auch eine trockene, außerhalb Piemonts seltene Version des Moscato d'Asti. Gekühlt serviert ist er ein wunderbarer Aperitif.

Torta di nocciole
Haselnusskuchen

Für 4 Personen

Vorbereitungszeit: 25 Minuten

Backzeit: 35–40 Minuten

Schwierigkeitsgrad: relativ einfach

150 g Mehl

150 g Speisestärke

2¹/₂ TL Backpulver

200 g geschälte Haselnüsse

1 Prise Salz

3 große Eier

200 g extra feiner Zucker

150 g Butter, von Raumtemperatur

2–3 EL Rum

Butter für die Form

Mehl, Speisestärke und Backpulver in eine Rührschüssel sieben. • Die Haselnüsse mahlen oder fein zerstoßen und mit dem Salz in die Schüssel geben. • In einer zweiten Schüssel Eier und Zucker mit einem Schneebesen oder dem Handrührgerät schaumig schlagen. • Unter Rühren die weiche Butter in Flöckchen hinzufügen. • Die Mehlmischung esslöffelweise dazugeben und unterrühren. • Zuletzt den Rum einrühren. • Eine Springform (Durchmesser 20 cm) einfetten und mit etwas Mehl bestäuben. • Den Kuchenteig hineinfüllen, ohne ihn glatt zu streichen. • Im vorgeheizten Ofen bei 180 °C (Umluft 160 °C) 35–40 Minuten backen. • Den Kucken aus dem Ofen nehmen und 10 Minuten in der Form abkühlen lassen. • Von Raumtemperatur servieren.

Die hervorragenden Haselnüsse, die in den Desserts, Kuchen und dem Konfekt des Piemont verarbeitet werden, kommen aus den Langhe, den von Lehmboden bedeckten Hügeln aus Kalkgestein südlich von Alba.

Torta gianduja
Piemonteser Schokoladenkuchen

In einer Rührschüssel Eigelb und Puderzucker schaumig schlagen. ▪ Mehl und Kakao gründlich untermischen. ● Den Eischnee unterheben, anschließend die zerlassene Butter hinzufügen. ● Eine Springform (Durchmesser 22 cm) einfetten und leicht mit Mehl bestäuben. ● Den Teig in die Kuchenform füllen und im vorgewärmten Ofen bei 180 °C (Umluft 160 °C) 35–40 Minuten backen. ● Aus dem Ofen nehmen und zum Auskühlen auf ein Kuchengitter stürzen. ● Für die Creme das Eigelb mit dem Zucker schaumig schlagen. ● Mehl, Butter, Schokolade und Vanille-Essenz unterrühren und nach und nach die Milch dazugießen. ● Unter Rühren bei schwacher Hitze in einem Topf erwärmen, bis die Masse dick und cremig wird. Nicht kochen lassen. Die dickflüssige Creme zum Abkühlen beiseite stellen. ● Den erkalteten Biskuitboden in der Mitte horizontal durchschneiden und mit der Hälfte der Schokoladencreme bestreichen. Die andere Biskuithälfte daraufsetzen und mit der restlichen Creme bestreichen. ● Mit den Mandeln bestreuen und servieren.

Für 6 Personen
Vorbereitungszeit: 30 Minuten
Back- und Garzeit: 45 Minuten
Schwierigkeitsgrad: anspruchsvoll

4 Eigelb
150 g Puderzucker
180 g Mehl
5 EL ungesüßtes Kakaopulver
4 Eiweiß, steif geschlagen
60 g Butter, zerlassen

Für die Creme:
100 g Butter
60 g Mehl
2 Eigelb
150 g extra feiner oder normaler Zucker
500 ml Milch
100 g Zartbitterschokolade, geraspelt
$^1/_4$ TL Vanille-Essenz

4 EL geröstete, geschälte Mandeln

Empfohlener Wein: ein süßer Schaumwein (Asti Spumante)

Die Zubereitung dieses köstlichen Kuchens ist nicht ganz einfach, aber die Mühe lohnt sich. Zu Kaffee, Tee oder süßem Schaumwein setzt er einen gelungenen Schlusspunkt bei besonderen Menüs oder Familienessen.

Coppa Torino
Schichtdessert mit Maronen

Für die Puddingcreme Eigelb, Zucker, Mehl, Zitronenschale und Salz in einem kleinen Topf mit einem Holzlöffel kräftig verrühren, bis die Mischung hell und schaumig wird. • Die Milch aufkochen und in sehr dünnem Strahl hinzugießen, dabei ständig rühren. Unter Rühren so lange schwach erhitzen, bis die Creme dick wird. Nicht kochen lassen, sonst gerinnt sie. • Vom Herd nehmen und abkühlen lassen. Umrühren, damit sich keine Haut bildet. Wird die Puddingcreme am Tag zuvor zubereitet, zur Aufbewahrung Klarsichtfolie direkt auf die Oberfläche legen. • Jeweils ein Stück Biskuitkuchen in eine Dessertschale legen. Den Rum mit 2–3 EL Wasser verdünnen und über den Biskuit träufeln. • Eine etwa 1½ cm dicke Schicht Puddingcreme darübergeben. • Mit kandierten Maronenstücken bestreuen und zum Abschluss auf jede Portion ein Schlagsahnehäubchen setzen. • Jeweils mit einer kandierten Kirsche garnieren und das Dessert servieren.

Für 4 Personen
Vorbereitungszeit: 15 Minuten
Garzeit: 4–5 Minuten
Schwierigkeitsgrad: einfach

Für die Puddingcreme:
2 Eigelb
60 g extra feiner oder normaler Zucker
25 g Mehl
Etwas geriebene unbehandelte Zitronenschale
1 Prise Salz
250 ml Milch

4 Scheiben Biskuitkuchen, 1 cm dick
6 EL Rum
4 gehäufte EL kandierte Maronenstücke
6 gehäufte EL ungesüßte, geschlagene Sahne
4 kandierte Kirschen

Empfohlener Wein: ein trockener Schaumwein (Asti Spumante Brut)

Diese etwas in Vergessenheit geratene Nachspeise wurde im 19. Jahrhundert in Turin erfunden. *Coppa Torino* ist optisch und geschmacklich gleichermaßen unwiderstehlich. Traditionell wird sie in Sektschalen serviert, kommt aber in kleinen Glasschälchen oder Eiskelchen ebenso gut zur Geltung. Wer Zeit und Mühe sparen möchte, kauft fertigen Biskuitboden. Kandierter Maronenbruch ist preiswerter als ganze kandierte Maronen.

Ein paar kleine Tipps für alle, die die Region selbst erforschen möchten:

ZUM WOHNEN:

Hotel La Panoramica
Via Circonvallazione, 1/bis
12060 Bossolasco
Tel: 0039 - 0173 - 79 34 01
Neues Hotel mit (noch) wenig Atmosphäre, dafür bezahlbar und mitten im
Weingebiet der Langhe

Villa La Meridiana – Cascina Reine
Altavilla, 9
12051 Alba
Tel. und Fax: 0039 - 0173 - 44 01 12
Kleines Hotel mit relativ preiswerten, aber reizvollen Gästezimmern

Hotel Victoria
Via Nino Costa, 4
10123 Torino
Tel: 0039 - 011 - 56 11 909
Fax: 0039 - 011 - 56 11 806
Zentral gelegen, dabei ganz ruhig; schöne komfortable Zimmer

Hotel Herbetet
Valmontey
11012 Cogne (Aostatal)
Tel. und Fax: 0039 - 0165 - 74 180
Mitten in den Bergen, schlicht, rustikal und wirklich preisgünstig

RESTAURANTS:

Tre Galline
Via Bellezia, 37
10123 Torino
Tel: 0039 - 011 - 436 65 53
Typische piemontesische Küche

Lalibera
Via Pertinace, 24/a
12051 Alba
Tel: 0039 - 0173 - 29 31 55
Klassische piemontesische Küche, Trüffelspezialitäten während der Saison

Osteria della Chiocciola
Via Fossano, 1
12100 Cuneo
Tel: 0039 - 0171 - 66 277
Restaurant mit regionaler Küche und Enoteca in einem

WEIN:

Cantine Marchesi di Barolo
Via Maria Vittoria
10123 Torino
Enoteca mit hervorragender Weinauswahl

Enoteca Regionale del Barbaresco
Via Torino 8/a
12050 Barbaresco
Tel: 0039 - 0173 - 63 52 51
Weine von etwa 70 Erzeugern der Region, Degustation

Enoteca Infernòt
Via Palestro, 2
12065 Monforte d'Alba
Ausgezeichnete Weine und Grappe aus den Langhe

GESCHÄFTE FÜR LOKALE PRODUKTE:

Peyrano
Corso Moncalieri, 47
10123 Torino
Tel: 0039 - 011 - 66 02 202
Hier werden die berühmten Turiner Pralinen, vor allem die *gianduiotti*,
hergestellt

Il frutto Permesso
Via del Vernè, 16
10060 Bibiana
Tel: 0039 - 0121 - 55 383
Bauernhof mit kleinem Restaurant, auf dem man die selbst produzierten
Bioerzeugnisse kaufen kann

Riseria Bovia
Via Mulini, 11
28015 Momo (Prov. di Novara)
Tel: 0039 - 0321 - 92 59 16
Diverse erstklassige Reissorten werden zum Verkauf en detail angeboten